DIE STARS AUS AKTE X

Gillian Anderson
David Duchovny

David Bassom

Aus dem Englischen von
Sabine Lorenz
und Felix Seewöster

vgs

Der Autor dankt folgenden außergewöhnlichen Menschen für ihre Ermutigung, Unterstützung und freundliche Hilfe: Julian Brown, Mike Evans, Tessa, Michael und Danny O'Brien, Mike Campbell-Montgomery, Terry und Doris McMahon und Bridget Cunningham.

Bildnachweise:

Titel: **Ronald Grant Archive**
Rücktitel, von links nach rechts: **Corbis-Bettmann/Everett Collection, Ronald Grant Archive, Alpha**
Alpha: 18, 19, 25, 47 unten, 54 unten, 56 unten, 66 unten, 76 oben
Aquarius Picture Library: 42
Brian Aris: 2/3, 68/69, 78/79
Courtesy of the **British Broadcasting Corporation:** 71
Corbis-Bettmann/Everett Collection: 5, 5 unten links, 8, 20/21, 23 unten, 24, 29 oben, 32 oben, 50, 52, 53, 54 oben, 55, 58/59, 60-62, 65, 72, 74, 77, 80
Famous: Scott Alonzo 12 oben, Hubert Boesl 23 oben, 67
Courtesy of **FHM Magazine:** 76 unten
Ronald Grant Archive: 20 oben u. unten, 22 oben u. unten, 30/31
Katz: Compix 9 oben, Outline/Karen Moskowitz 4 Mitte, 5 oben links, 16, 26, Outline Jim McHugh 13, 47 oben, Norman NG 10 oben, Alex Shaftel 70, Outline/ Cesare Zucca 45
Photofest: 15, 29 unten
Pictorial Press Courtesy of Polygram: 28, 32 unten
Retna: Mark Anderson 11, Guy Aroch 37, 39 oben u. unten, 43, 44, Steve Granitz 64 oben, Dan Howell 10 oben, Patsy Lynch 64 unten, Joe Marzullo 9 unten, Bruce Malone 40/41, 46, 75, Gregory Pace 33, Richard Saputo 66 oben
Rex Features: 4 oben u. unten, 5 oben rechts, 6, 12 unten, 14, 34, 36/37, 38 oben u. unten, 48, 51, 56/57, 56 oben

INHALT

Impressum:

Die Deutsche Bibliothek – CIP-Einheitsaufnahme
Akte X – die unheimlichen Fälle des FBI. – Köln : vgs
Gillian Anderson & David Duchovny : die Stars
aus Akte X / David Bassom. Aus dem Engl. von
Sabine Lorenz und Felix Seewöster. –
1. Aufl. – 1997

ISBN 3-8025-2462-4

Erstveröffentlichung bei Hamlyn, an imprint of
Reed Consumer Books Limited, London

Titel der englischen Originalausgabe:
Anderson & Duchovny – an extraordinary Story

1. Auflage 1997

Lektorat: Susanne Lück
Redaktion: Judy Bister
Umschlaggestaltung:
Heike Unger Kommunikationsdesign, Köln
Satz: KOMBO KommunikationsDesign GmbH, Köln
Printed in UK
ISBN 3-8025-2462-4

X

1/Generation X

FBI
SPECIAL AGENT

Der Werdegang von Anderson und Duchovny ist beinahe so spannend wie eine X-Akte.

Zu Beginn des Jahres 1994 waren David Duchovny und Gillian Anderson lediglich die wenig bekannten Hauptdarsteller einer Kultserie mit dem Titel *Akte X*. Nur eine kleine Fangemeinde eingefleischter Science-Fiction-Freaks verfolgte ihre Abenteuer auf dem Bildschirm. Knapp zwei Jahre später hatten sie sich in internationale Superstars verwandelt, und mittlerweile halten sie viele für das vielversprechendste Duo, das das Fernsehen derzeit zu bieten hat.

Dank des phänomenalen und vollkommen unerwarteten Erfolgs von *Akte X* sind die Namen Duchovny und Anderson nahezu auf der ganzen Welt geläufig. Ihre Popularität übertrifft inzwischen die der Hauptdarsteller vieler anderer Serien. Stars aus Fernsehproduktionen gelten im allgemeinen als die »armen Verwandten« bekannter Filmschauspieler, doch das Duo Duchovny/ Anderson stellt die Ausnahme von der Regel dar: beide Schauspieler stehen im Rampenlicht der Medien; sie beherrschen die Titelblätter so unterschiedlicher Zeitschriften wie *Entertainment Weekly* und *Radio Times* bis hin zu *Rolling Stone* und *Details*; ihre Gesichter zieren unzählige Poster, Bücher, T-Shirts, Kaffeebecher, Puzzles und zahllose andere Merchandising-Produkte. Und mehr als einmal wurde der Produktionsplan der Serie geändert, um der Lebensplanung und den Karrierezielen der Hauptdarsteller Rechnung zu tragen.

Vielleicht noch bemerkenswerter ist die Tatsache, daß FBI Special Agents Fox Mulder und Dana Scully, die Figuren, die Duchovny und Anderson in *Akte X* verkörpern, mit der Zeit zu Ikonen der Alltagskultur geworden sind. Wie kein anderes Medienereignis, sei es nun ein Film, eine Fernsehserie, ein Theaterstück oder ein Buch, hat *Akte X* den Glauben an das Außerirdische, das Übernatürliche und an paranormale Aktivitäten beeinflußt. Mehr noch, die Serie hat auch globalen Verschwörungstheorien neuen Auftrieb gegeben, die die Fans von *Akte X* (im Original *The X-Files*), die sogenannten »X-philes«, begeistert aufnehmen. Wann immer von rätselhaften Fällen die Rede ist, hinter denen übernatürliche Phänomene oder verdeckte Ermittlungen der Regierung stehen könnten, werden in Mulder und Scully die Garanten für eine schonungslose Aufklärung der »Wahrheit« gesehen.

Doch nicht nur beim internationalen Fernsehpublikum ist die Serie unglaublich beliebt, auch Kritiker unterschiedlichster Couleur haben sie hoch gelobt. Als atmosphärisch dichte, intelligente und wohl einflußreichste Serie der 90er hat *Akte X* zahlreiche Preise erhalten, darunter auch den prestigeträchtigen Golden Globe Award für die beste dramatische Serie. Die Produzenten der Serie, verschiedene Nebendarsteller sowie David Duchovny und Gillian Anderson wurden für den Emmy Award nominiert, und Anderson erhielt 1995 den Screen Actors' Guild Award in der Kategorie »beste Schauspielerin«.

Es liegt eine gewisse Ironie darin, daß weder Duchovny noch Anderson anfangs daran geglaubt haben, daß *Akte X* sich länger als ein Jahr halten könnte und beide um ein Haar das Angebot ausgeschlagen hätten, in der Serie mitzuspielen. Zu dem Zeitpunkt, als Chris Carter, der Produzent der Serie, die Hauptrollen besetzte, stand David Duchovny kurz vor seinem Durchbruch als Filmstar. Die Aussicht, sich für eine Fernsehserie zu verpflichten, erfüllte ihn durchaus nicht nur mit Begeisterung, während Gillian Anderson vor allem an Bühnen- oder Filmrollen interessiert war und kaum über Fernseherfahrung verfügte.

Der überragende Erfolg von *Akte X* erscheint um so erstaunlicher, wenn man sich vor Augen hält, daß keinem

Weder für Gillian Leigh Anderson noch für David William Duchovny war es ein Jugendtraum, Schauspieler zu werden.

Als herausragender Schüler erhielt Duchovny ein Stipendium für die New York Collegiate School und dann einen Studienplatz in Princeton.

der beiden Hauptdarsteller die Leidenschaft für die Schauspielerei in die Wiege gelegt wurde. Fast könnte man also glauben, unbekannte Kräfte seien am Werk gewesen, als David Duchovny und Gillian Anderson den für ihr Leben entscheidenden Entschluß faßten, Schauspieler zu werden, der sie schließlich zu *Akte X* führte.

David William Duchovny, der ältere der beiden Darsteller, wurde am 7. August 1960 in New York City geboren. Der Sohn der schottisch-amerikanischen Lehrerin Margaret Ducovny und des jüdisch-amerikanischen Publizisten Amram Ducovny wurde mit erstem Namen nach der Lieblingsskulptur seines Vaters benannt, dem David von Michelangelo. Den zweiten Namen, William, gab ihm seine Mutter im Andenken an ihren Vater.

Kurz vor Davids Geburt hatte Amram Ducovny beschlossen, dem Familiennamen ein »h« hinzuzufügen, da er es leid war, den Namen immer wieder falsch ausgesprochen zu hören. Während also Davids Eltern und sein älterer Bruder Danny ihren Nachnamen »Ducovny« schreiben, wurden David und seine jüngere Schwester Laurie auf den Namen »Duchovny« getauft. Obwohl er Duchovny – wie auch Ducovny – für einen »wunderschönen Namen« hält, hat sich David nie allzu große Gedanken darüber gemacht, wie die Leute ihn aussprechen, vielmehr ist er an dessen Ursprung und Bedeutung interessiert. Jedesmal, wenn die Sprache auf seinen Nachnamen kommt, erklärt er nicht ohne Stolz, daß er sich aus dem russischen Wort für »geistig« herleitet.

David Duchovny wuchs in New York an der Ecke 11th Street und 2nd Avenue auf. Für einen Hauptdarsteller von *Akte X* nicht ganz unpassend, befand sich die elterliche Wohnung genau gegenüber einem Friedhof! In der Grundschule war David ein ruhiges, schüchternes Kind. Er verhielt sich oft sogar so still, daß sein älterer Bruder Danny den anderen weismachte, er sei ein wenig zurückgeblieben! Während der ersten Schuljahre zeigte der schüchterne Junge nicht das geringste Interesse an der Schauspielerei. Und auch sein Bühnendebüt anläßlich einer Schulaufführung, in der er in einem Krippenspiel als einer der drei Weisen auftrat, ließ ihn offenbar vollkommen ungerührt.

Nach dem Einfluß seines schottisch-jüdischen Erbes befragt, erklärte Duchovny, in ihm vereine sich »protestantische Arbeitsmoral mit jüdischem Schuldgefühl und Selbstzweifel«. Außerdem witzelte er, jemanden wie ihn um Geld zu bitten, sei vollkommen zwecklos!

Eine Rolle für Davids Entwicklung – wenn auch vielleicht nur auf der Ebene des Unterbewußten – spielten sicherlich die Erfahrungen seines Vaters als Schriftsteller. Amram Ducovny hat eine Reihe von Büchern veröffentlicht, darunter *The Wisdom Of Spiro T. Agnew* und *David Ben-Gurion In His Own Words.* Außerdem ist er der Autor eines Theaterstücks, das Off-Broadway aufgeführt wurde, *The Trial Of Lee Harvey Oswald.* Sein jüngster Sohn zeigte sich von dem ersten (und letzten) Versuch seines Vaters als Dramatiker allerdings wenig beeindruckt.

»Es war ein wirklich langes Stück«, erzählte David Duchovny in einem Interview mit *Time Out.* »Den gesamten ersten Akt über saß Oswald einfach da und sagte kein einziges Wort. Ich erinnere mich noch recht deutlich daran, daß ich meinen Vater gefragt habe, wie der Schauspieler es anstellte, nicht einmal aufs Klo gehen zu müssen!«

Der Besuch von *The Trial Of Lee Harvey Oswald* war leider nicht die schlimmste Kindheitserfahrung Duchovnys. Die machte er im Alter von elf Jahren, als er der Tatsache ins Auge sehen mußte, daß seine Eltern sich scheiden ließen. Viele Jahre später bezeichnete er diese Zeit als den »wichtigsten emotionalen Moment« seiner Kindheit. Vollkommen unvorbereitet sei er dadurch in die »Gefühlswelt eines Erwachsenen« geschleudert worden. Außerdem ist Duchovny davon überzeugt, daß diese schmerzhafte Erfahrung sein Verhältnis zu Menschen, die ihm nahestanden, entscheidend geprägt hat. Hier, so meint er, sei vielleicht auch der Grund dafür zu suchen, daß viele ihn für einen distanzierten und mürrischen Einzelgänger halten.

Nach der Scheidung erhielt Margaret Ducovny das Sorgerecht und begann, wieder als Lehrerin an einer Grundschule zu arbeiten, um ihre Kinder durchbringen zu können. David hatte weiterhin ein freundschaftliches Verhältnis zu seinem Vater, den er aber nur in unregelmäßigen Abständen sah.

Margarets größte Sorge war, daß ihre Kinder eines Tages mittellos dastehen könnten. Deshalb verlangte sie von ihnen auch, daß sie sich in der Schule Mühe gaben und gute Zeugnisse nach Hause brachten. Ihre Bemühungen wurden belohnt, als David 1973 ein Stipendium für die Collegiate School in New York erhielt, eine private Eliteschule für Jungen. Zu den Schülern zählten unter anderen John F. Kennedy Jr. und viele andere, die später einmal bekannte Schauspieler werden sollten, wie Zach Gilligan (bekannt aus *Gremlins*), Billy Wirth (den man aus *Body Snatchers* und Duchovnys eigener Serie *Red Shoe Diaries* kennt) und Jason Beghe (der in *Thelma*

»Ich weiß noch, daß ich gedacht habe: ›So viel wie jetzt wirst du nie wieder wissen‹.«

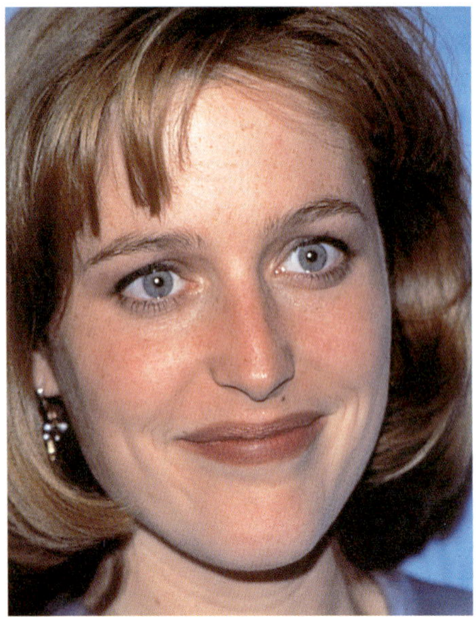

Oben: **Duchovny arbeitete in Yale an seiner Dissertation, als ihn das Schauspielfieber packte.**

Unten: **Anderson wurde erst wegen ihres amerikanischen, dann wegen ihres britischen Akzentes in der Schule gehänselt.**

und Louise, Der Affe im Menschen und auch einer frühen Folge von *Akte X*, »Der Kokon« mitspielte).

Für Duchovny bedeutete das Stipendium an der Collegiate School den Eintritt in eine »andere Welt« – die Welt der High Society. Ein Besuch bei einem seiner privilegierten Mitschüler, zu dessen Apartment ein privater Fahrstuhl führte, ist ihm besonders in Erinnerung geblieben. Von seinen Schulfreunden wurde David »Duke« oder »Doggie« genannt.

Während des ersten Jahres auf dieser Schule lernte Duchovny ein Mädchen kennen, das seine erste feste Freundin wurde. Die Beziehung bestand vier Jahre, bevor beide einvernehmlich beschlossen, getrennte Wege zu gehen. Duchovny ist noch heute davon überzeugt, daß sie möglicherweise sogar geheiratet hätten, wenn sie sich nur ein paar Jahre später begegnet wären.

Nach dem Highschool-Abschluß erhielt Duchovny einen Studienplatz für das Fach Englisch in Princeton. Während die meisten seiner Kommilitonen der an der Universität gepflegten Tradition frönten, beinahe jeden Abend ausgiebige Parties zu feiern, widmete er sich vor allem seinem Studium. Seiner eigenen Aussage zufolge war er einer der »verbissensten und streberhaftesten« Studenten in ganz Princeton. Besonders hart arbeitete er an seiner Abschlußarbeit, die den Titel »Die schizophrene Kritik der reinen Vernunft in Becketts frühen Romanen« trägt. Zu den wenigen Vergnügungen, die er sich gestattete, gehörten Baseball, Basketball, Schwimmen und Yoga.

Princeton war es auch, wo Duchovny vegetarisches Essen und die Fernsehserie *Star Trek* entdeckte. So viel Spaß es ihm auch machte, sich die Abenteuer von William Shatner, Leonard Nimoy und der anderen Schauspieler in diesem Weltraumepos anzusehen, so wenig zog er für sich selbst eine Karriere beim Film oder auf der Bühne in Betracht. Ganz im Gegenteil, als er davon erfuhr, daß einer seiner Kommilitonen vorhatte, nach Beendigung seines Studiums Schauspieler zu werden, fragte Duchovny ihn: »Du studierst in Princeton. Warum willst du zur Bühne?«

Nachdem er in Princeton das Examen erfolgreich abgeschlossen hatte, entschied sich Duchovny, sein Studium in Yale fortzusetzen, um den Master of Arts in englischer Literatur zu machen. Aus dieser Phase seines Lebens ist ihm vor allem die Zeit in Erinnerung, in der er sich auf die mündliche Prüfung vorbereiten mußte. »In den vier Monaten davor habe ich täglich mindestens acht bis neun Stunden gelernt«, berichtet Duchovny in einem Interview, das im *Boston Globe* erschienen ist. »Am Tag vor der Prüfung fühlte sich mein Kopf so schwer an, daß ich das Gefühl hatte, gleich müßte er von den Schultern fallen ... Ich weiß noch, daß ich gedacht habe: ›So viel wie jetzt wirst du nie wieder wissen‹.«

Margaret Ducovny zeigte sich hoch erfreut, daß ihr Sohn die Prüfung bestanden hatte und redete ihm zu, auch noch seinen Doktor zu machen, um die Laufbahn eines Universitätsdozenten einzuschlagen. Kurz darauf begann Duchovny mit der Arbeit an seiner Dissertation, in der er sich dem Thema »Magie und Technologie in zeitgenössischen Gedichten und Prosatexten« widmete. Ein Artikel von Richard Rorty über Christopher Lasch hatte ihn dazu angeregt, der unter der Überschrift »The Culture of Narcissism« im *New Yorker* erschienen war. Um neben der Doktorarbeit etwas Geld zu verdienen, arbeitete David Duchovny als Lehrassistent. Zu seinen Lieblingsschriftstellern in jener Zeit zählten Norman Mailer, Elmore Leonard und Thomas Pynchon, um nur einige zu nennen. Und unter seinen Kommilitonen befanden sich so aufstrebende junge Autoren wie Harold Bloom, John Hollander, Jay Hillis Miller und Geoffrey Hartman.

Obwohl es ihm großen Spaß machte, sich mit Literatur zu beschäftigen und auch darüber zu schreiben, fühlte sich Duchovny in der Rolle des Akademikers nie wirklich wohl. Die Aussicht darauf, den Rest seines Lebens als Lehrer im »Elfenbeinturm einer unwirklichen Welt« zu verbringen, sagte ihm immer weniger zu. Und allmählich reifte in ihm der Entschluß, sich als Schriftsteller zu versuchen.

1985 schlug ihm einer seiner Freunde vor, in einer Schauspielgruppe der Universität mitzumachen. Da das akademische Leben ihn immer mehr langweilte, willigte Duchovny, wenn auch zunächst noch wenig begeistert, ein. Durch die Schauspielerei hoffte er vor allem, mehr über die Techniken des Schreibens zu erfahren. Jedenfalls besuchte er von nun an die Yale Drama School und war bereits nach wenigen Unterrichtsstunden tief beeindruckt. Zu seiner großen Überraschung stellte er fest, daß das Schauspielen eine »emotionale Seite« in ihm weckte, die er bis zu diesem Zeitpunkt nicht gekannt hatte.

Außerdem traf er bei Ensemble und Produktionsteam auf einen Teamgeist, der ihn an die Mannschaftssportarten erinnerte, die er mit großer Begeisterung betrieb. So unspektakulär Duchovnys Entdeckung der Schauspielerei auch war, sie sollte von da an sein ganzes Leben verändern und das Ende seiner akademischen Karriere einläuten.

Die Entwicklung, die Duchovny durchlaufen hat, um schließlich seinen Weg zur Schauspielkunst zu finden, erscheint geradezu unkompliziert, vergleicht man sie mit dem Werdegang seiner Partnerin in *Akte X*. Gillian Anderson kam am 9. August 1968 im St. Mary's Hospital in Cook County, Chicago, als erstes Kind von Edward und Rosemary Anderson zur Welt. Kurz nach ihrer Geburt

Man mag es kaum glauben – aber auch Gillian Anderson hatte in ihrer Jugend eine »rebellische Phase«.

gingen die Andersons für einige Zeit nach Puerto Rico, bevor sie 1970 nach England zogen, wo Edward an der London Film School studierte. In einem Interview hat er einmal über die Jahre in Großbritannien gesagt: »Wir hatten kaum Geld, es war eine schwierige Situation für die ganze Familie.«

Im Alter von fünf Jahren kam Gillian Anderson auf die Coleridge Junior School in Crouch End im Norden Londons. Zu ihrem Unglück hatte sie sich den amerikanischen Akzent ihrer Eltern angeeignet. In der Schule brauchte sie nur den Mund aufzumachen, und schon hänselten ihre Mitschüler sie. Erst als Gillian gelernt hatte, sich zu wehren und zurückzuschlagen, hörten die anderen auf, sie zu schikanieren.

1979 beschlossen die Andersons, England den Rücken zu kehren und wieder in die Vereinigten Staaten zu gehen. Sie zogen nach Grand Rapids, Michigan, wo Gillian zunächst die Fountain Elementary und dann die City High School besuchte. Bedauerlicherweise wendete sich für sie das Blatt nicht unbedingt zum Besseren. Nach schwierigen Jahren in London fühlte sie sich durch und durch englisch und hatte Schwierigkeiten, sich wieder in Amerika einzugewöhnen. Ein weiteres Mal wurde sie von ihren Mitschülern wegen ihres Akzents gehänselt, den sie zu britisch fanden. Gillian hatte das Gefühl, unbeliebt zu sein, und zog sich in sich selbst zurück.

Alles wurde noch schlimmer, als ihre Eltern ihr eröffneten, daß sie ein weiteres Kind erwarteten. 1981

Andersons Mitschüler in Michigan kürten sie zum »verrücktesten Mädchen« der High School und prophezeiten ihr »beste Chancen auf eine Glatze« und darauf, »irgendwann einmal verhaftet zu werden«.

kam ihre Schwester Zoe zur Welt, 1984 ihr Bruder Aaron. Gillian war auf ihre jüngeren Geschwister eifersüchtig und sehnte sich danach, so wie früher von ihren Eltern beachtet zu werden und im Mittelpunkt zu stehen.

Ihrem Schmerz und Kummer verlieh sie schließlich dadurch Ausdruck, daß sie gegen das System rebellierte. Es dauerte nicht lange, bis sie ihr Image als »braves kleines Mädchen in Cordhosen und Flanellhemd« zerstört hatte und zum Punk geworden war. Nach dem Vorbild der Punks, die sie in London gesehen hatte, färbte sich Anderson die Haare purpurrot und frisierte sie zu einem Irokesenkamm; sie ließ sich den linken Nasenflügel piercen und trug Kleider, von denen keines mehr als zwei Dollar kostete. Was dabei herauskam, war eine Mischung aus Madonna und Johnny Rotten. Und selbstverständlich hörte sie jetzt auch nur noch Punkmusik. Ihre Lieblingsgruppen in dieser Zeit waren The Circle Jerks, Lords of the New Church und Elvis Costello.

»Ich habe das gemacht, um meine Wut herauszulassen«, erklärte sie später. »Es steckte viel Wut in mir.«

Gillians Zensuren rutschten in den Keller, während sie im Unterricht damit beschäftigt war, laut zu fluchen und zu schimpfen, sich in Tagträume zu flüchten, den anderen Schülern Streiche zu spielen, zu quatschen und Papierflieger durch die Gegend segeln zu lassen. Mehrfach wurde sie zur Direktorin der Schule bestellt, die ihr mehr als einmal wegen ungehörigen Benehmens einen Verweis erteilte.

Ihre erste ernstzunehmende Beziehung hatte sie mit einem Punk, der aber offenbar nach einer Weile zum Neonazi mutierte. Im Jahr darauf war sie mit einem mittellosen Punkmusiker liiert, der zehn Jahre älter war und keinen festen Wohnsitz hatte. Wenn sie zusammen sein wollten, schliefen sie irgendwo in einem Lagerhaus oder bei Freunden auf dem Fußboden.

Viele Jahre später beschrieb Anderson diese Phase ihres Lebens als »grauenhaft qualvoll«. Sie hatte ständig wechselnde Freunde, trank und nahm Drogen, weil sie trotzig die These vertrat, daß »absolut alles erlaubt« ist. Obwohl ihre Eltern sich begreiflicherweise Sorgen um die Entwicklung ihrer ältesten Tochter machten, versuchten sie dennoch nicht, sie mit Vorschriften und Verboten zu gängeln. Statt dessen ließen sie Gillian die Freiheit, ihre Probleme selbst zu lösen und sich ihre Unabhängigkeit zu erhalten.

Als Kind hatte Anderson Meeresbiologin, Geologin oder Archäologin werden wollen. Während ihrer rebellischen Teenagerjahre verlor sie allerdings jeglichen Ehrgeiz. Ihre Mitschüler kürten sie zum »verrücktesten Mädchen« der High School und prophezeiten ihr »beste Chancen auf eine Glatze« und darauf, »irgendwann einmal verhaftet zu werden«. Einmal wurde sie tatsächlich von der Polizei erwischt, als sie versuchte, zusammen mit einigen Freunden in das Schulgebäude einzubrechen. Sie hatte den Plan ausgeheckt, alle Schlösser im Innern des Gebäudes mit Klebstoff zu versiegeln. Der Witz bei der Sache sollte darin bestehen, daß am nächsten Tag niemand in die Klassenzimmer hineinkäme. Allerdings war Gillian an jenem Abend schon nicht mehr ganz nüchtern, so daß es ihr nicht gelingen wollte, das Schloß der Eingangstür zu knacken. Nach etlichen erfolglosen Versuchen wurde es ihren Freunden zu langweilig, und sie plädierten dafür, die Sache endlich aufzugeben. Doch Anderson war wild entschlossen, ihre Mission zu vollenden, und so kämpfte sie allein mit dem Schloß, bis eine vorbeifahrende Polizeistreife sie entdeckte und festnahm. Auf dem Revier wurden Gillian die Fingerabdrücke abgenommen, man fotografierte sie und ihre Daten wurden in der Verbrecherkartei registriert. Erst als schließlich ihr Freund erschien, um sie abzuholen, wurde sie gegen Kaution wieder auf freien Fuß gesetzt.

Glücklicherweise hatte Andersons rebellische Phase jedoch kurz darauf ein Ende, als sie die Gelegenheit bekam, am Grand Rapids Community Theatre für verschiedene Rollen vorzusprechen. Obwohl sie sich für die Schauspielerei eigentlich nicht sonderlich interessierte und nur »zum Spaß« und weil sie sonst nichts Besseres vorhatte zu den Vorsprechterminen ging, fühlte sie sich auf der Bühne sofort »wie zu Hause«. Die Konsequenz aus dieser Erfahrung bestand für sie darin, daß sie ihre »Null-Bock«-Einstellung aufgab und sich endlich wieder ein Ziel setzte. Gillian Anderson wollte Schauspielerin werden.

Heute ahnt man nichts mehr von den turbulenten Teenagerjahren des Stars, der Michigans erster Punk war und mit dem Gesetz in Konflikt geriet. Was Dana Scully wohl dazu sagen würde?

2/Träume, Tragödien und Gelegenheitsjobs

Sowohl Duchovnys als auch Andersons Schauspielkarriere kam anfangs nur schleppend in Gang, so daß beide Nebenjobs annehmen mußten, um sich ihren Lebensunterhalt zu verdienen.

Nach dem Studium am Actors' Studio gab David Duchovny sein wenig spektakuläres Bildschirmdebüt in einer Löwenbräu-Werbung.

Noch in Yale während der Arbeit an seiner Dissertation wurde David Duchovny vom Theaterfieber erfaßt. Nicht lange nach den ersten Schauspielversuchen in der University Drama Class pendelte er immer häufiger nach New York, um auf kleinen Bühnen und in Kneipentheatern an der Lower East Side aufzutreten. Schließlich erhielt er einen Studienplatz am bekannten Actors' Studio in New York City, wo er von Marsha Haufrecht ausgebildet wurde.

Während der Zeit am Actors' Studio legte Duchovny den Grundstein für seinen eigenen, sehr spezifischen Stil, der seither die Kritiker in zwei Lager gespalten hat: während die einen seine Arbeit als intuitiv und charismatisch bezeichnen, halten ihn die anderen für unglaublich steif und hölzern.

Haufrecht lehrte ihre jungen Schüler vor allem, daß der Schlüssel zu überzeugender Schauspielkunst in der Aufrichtigkeit liegt. Wenn also ein Schauspieler das Gefühl hat, daß eine bestimmte, vorgegebene Handlungsweise der zu verkörpernden Rolle nicht angemessen ist, sollte er sich die Freiheit nehmen, die seiner Intuition nach richtige Reaktion zu improvisieren. In Duchovnys Augen stellt die Improvisation ein wichtiges Instrument dar, um einer Figur treu zu bleiben. Wenn zum Beispiel einem Schauspieler in einer Beerdigungsszene danach zumute ist zu lachen, dann sollte er lachen, weil er nur so der Rolle, die er verkörpert, gerecht werden kann. Außerdem hat Duchovny die Erfahrung gemacht, daß sorgfältig geplantes, vom Intellekt gesteuertes Spiel die Zuschauer zumeist langweilt. Er entschied sich daher für die Methode des instinktiven Spiels.

Während der Zeit in New York trat Duchovny in zahlreichen Stücken auf und bearbeitete Charles Bukowskis Drama *The Copulating Mermaid of Venice Beach* für eine »Way-Off-Broadway« Produktion. Der Doktorand aus Yale, nun ein angehender Schauspieler und Schriftsteller, hatte seine Liebe zur Bühne entdeckt, auf der zu arbeiten er einfach »paradiesisch« fand.

1987 konfrontierte sein alter Schulfreund Jason Beghe ihn mit einer Idee, die nicht nur seiner Karriere, sondern seinem ganzen Leben eine neue Richtung geben sollte. Beghe hatte gerade sein Leinwanddebüt in Susan Sarandons Film *Tödliche Beziehungen* gegeben und schlug Duchovny vor, für eine Bierwerbung vorzusprechen, um sich ein zusätzliches Einkommen zu verschaffen. Trotz seiner Leidenschaft für das Theater hatte Duchovny nie ausgeschlossen, auch Film- oder Fernsehrollen anzunehmen. Daher diskutierte er Beghes Vorschlag mit seiner damaligen Freundin, der Schauspielerin Maggie Wheeler (die später in mehreren Folgen der überaus erfolgreichen Sitcom *Friends* auftreten sollte). Wheeler überzeugte ihn, daß der Auftritt in einem Werbeclip seiner Karriere nicht schaden würde und zudem noch leicht verdientes Geld versprach.

Nachdem er mehrfach vorgesprochen hatte, wurde Duchovny schließlich die Rolle in einem Spot für Löwenbräu-Bier angeboten. Als die Dreharbeiten begannen, war Duchovny so nervös, daß er während der ersten beiden Takes den Text vergaß! Danach

Träume, Tragödien und Gelegenheitsjobs

Oben: **Duchovny mit dem Kultfilmer Henry Jaglom, der die Rolle des Billy in *Neujahr in New York* eigens für den Schauspieler umschrieb.**

Unten: **Als Duchovny die Rolle in Jagloms Film bekam, gab er die Arbeit an der Dissertation und seine akademische Karriere auf.**

jedoch war er nicht mehr zu halten, und der Spot wurde ohne weitere Zwischenfälle abgedreht. Für seine Mitarbeit an dem Werbespot erhielt Duchovny 9000 Dollar, mehr als er als Lehrassistent an der Universität im ganzen Jahr verdiente!

Nach seinem Bildschirmdebüt wurde Duchovny zu Vorsprechterminen für gleich drei Pilotfilme zu potentiellen Fernsehserien eingeladen. Die Termine fielen in eine Zeit, in der in Yale Ferien waren, und Duchovny nahm die Einladungen an. Kaum hatte er signalisiert, daß er zur Verfügung stand, erhielt er ein Flugticket nach Los Angeles, wo man ihn im noblen Sunset Marquis Hotel unterbrachte und ihm eine Limousine samt Fahrer zur Verfügung stellte. Erstaunt stellte der Yale-Doktorand fest, wie lukrativ und angenehm der Beruf des Schauspielers offenbar sein konnte! Als sich aufgrund einiger Verzögerungen das Vorsprechen bis in das neue Semester hineinzog, rief Duchovny in Yale an, um sich krank zu melden – und zwar vom Rand des Hotelpools aus.

Obwohl er am Ende keine der Rollen bekam, für die er in Los Angeles vorgesprochen hatte, lehrte ihn seine erste Erfahrung mit der Filmbranche, daß er Yale aufgeben mußte, wenn er seine Schauspielerkarriere ernsthaft weiterverfolgen wollte. Als er eine Hauptrolle in dem Low-Budget-Film *Neujahr in New York* angeboten bekam, entschloß Duchovny sich daher, die Dissertation an den Nagel zu hängen. Seine Familie war von dieser Entscheidung einigermaßen überrascht, und vor allem seine Mutter Margaret, die immer gehofft hatte, David würde eines Tages Professor werden, zeigte sich enttäuscht, daß er seine erfolgversprechende akademische Karriere so vorzeitig beendete.

Autor und Regisseur von *Neujahr in New York* war der Kult-Filmemacher Henry Jaglom, der unter anderem *Ein Tag für die Liebe*, *Café New York* und *Leichte Beute* gedreht hatte sowie zwei Filme aus der *National Lampoon*-Reihe. Als Familiendrama über angstbesessene Charaktere in der Tradition Woody Allens, konzentriert sich der Film auf eine Gruppe von in New York lebenden Menschen, die sich am Neujahrstag ihre geheimsten Wünsche offenbaren. Duchovny spielt die männliche Hauptrolle, einen oberflächlichen, Süßholz raspelnden Romeo namens Billy, der zunächst Annie (Gwen Welles) und dann Winona (Melanie Winter) zu verführen versucht, bevor ihm seine Freundin Lucy (Maggie Jackobson) auf die Schliche kommt.

Jaglom hatte die Rolle des Billy eigens für Duchovny umgeschrieben, der weite Teile seines Textes improvisierte, weil er glaubte, noch nicht erfahren genug zu sein, um Jagloms Texte mit Leben zu erfüllen. Zudem schrieb das Drehbuch eine Nacktszene für Duchovny vor, und zwar an der Stelle, an der Billy aus seinem

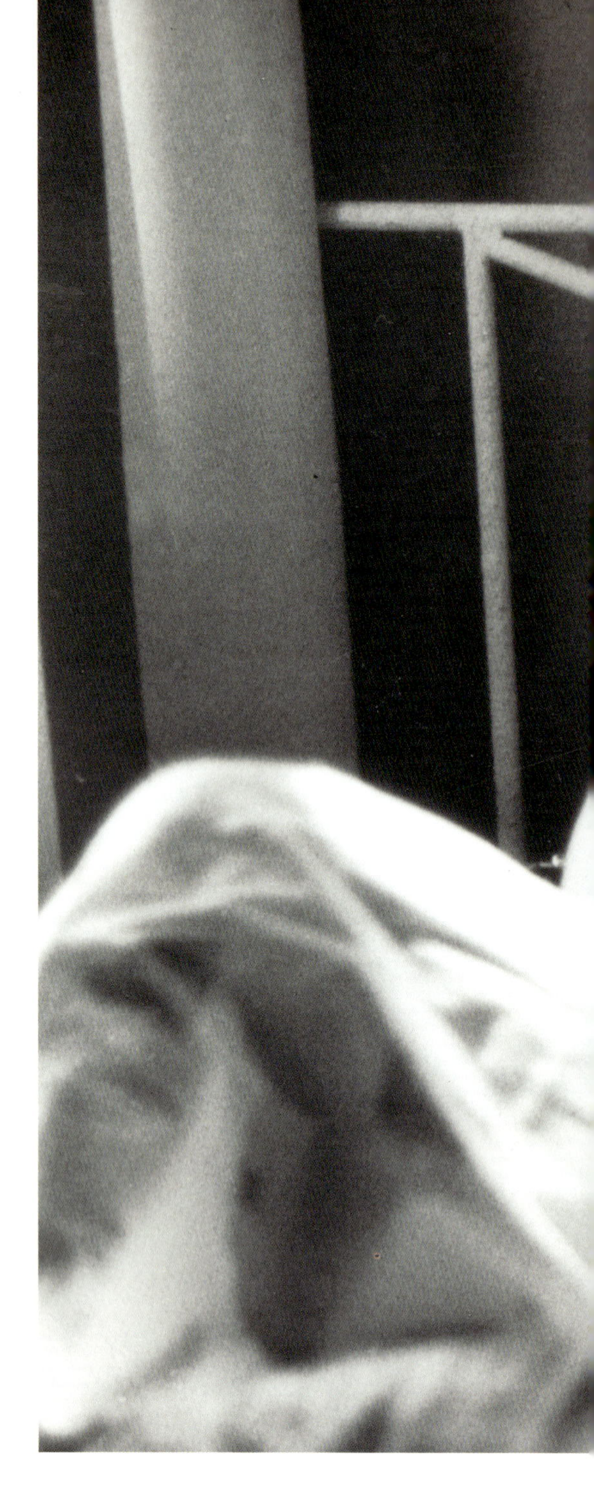

Apartment geworfen wird. Glücklicherweise hatte Duchovny nie Skrupel, unbekleidet aufzutreten, so lange dies nicht unmotiviert geschieht, sondern ein wesentliches Moment der Filmhandlung bildet.

Sobald die Dreharbeiten zu *Neujahr in New York* abgeschlossen waren, folgte Duchovny dem Rat seiner Agentin und zog nach Los Angeles, um von dort aus seine Karriere weiter voranzutreiben. Selbstverständlich knüpfte er große Hoffnungen an seinen ersten Film. Doch unglücklicherweise geriet Jaglom, kurz bevor der Film anlaufen sollte, in finanzielle Schwierigkeiten, und *Neujahr in New York* kam erst 1989 in die Kinos.

Bis zu diesem Zeitpunkt konnte Duchovny also lediglich eine Bierreklame und einen Film vorweisen,

In *Dunkle Erleuchtung* spielte Duchovny seine bis dahin größte Rolle.

den niemand kannte. Kein Wunder, daß er von Hollywoods Casting-Agenturen nicht gerade als »heißer Tip« gehandelt wurde. Abgesehen von ein paar weiteren Werbespots bekam Duchovny keinerlei Rollenangebote, so daß er sich schon bald nach anderen Jobs umsehen mußte, um seinen Lebensunterhalt zu verdienen. Während er auf eine Rolle wartete, die ihm helfen würde, wieder auf den Karrierezug aufzuspringen, schrieb er Zeitschriftenartikel und arbeitete als Caterer und Barmann.

Später bezeichnete Duchovny dieses Tief in seiner Karriere als die »schwerste Zeit« seines Lebens. Selbstzweifel plagten ihn, und immer wieder fragte er sich, ob seine Entscheidung, Yale zu verlassen, richtig gewesen war. Außerdem ärgerte er sich darüber, daß alles, was er in Princeton und Yale erreicht hatte, in Hollywood nichts zu gelten schien: die Agenten interessierten sich nicht für seine akademischen Leistungen, für sie zählte nur, daß er kaum über Schauspielerfahrung verfügte.

1988 erhielt Duchovny schließlich eine kleine Rolle in dem Film *Die Waffen der Frauen*, Mike Nichols Big-Budget-Bearbeitung des Cinderella-Stoffes mit Melanie Griffith als aufstrebende Geschäftsfrau Tess McGill, Sigourney Weaver als ihre berechnende Chefin Katherine Parker und Harrison Ford in der Rolle des Märchenprinzen Jack Trainer. David Duchovny hat in diesem Film einen kurzen Auftritt in einer Szene

Träume, Tragödien und Gelegenheitsjobs

***Oben:* Als Daniel in *Julia Has Two Lovers* setzt Duchovny seinen ganzen Charme ein, um Daphne Kastner am Telefon zu verführen.**

von Tess' Geburtstagsparty und wird im Abspann lediglich als »Tess' Freund auf der Geburtstagsparty« genannt. Dennoch, in *Die Waffen der Frauen* spielten bekannte Stars mit, der Film wurde von der Kritik wohlwollend aufgenommen und erwies sich an den Kinokassen als Überraschungserfolg. In ihm mitgewirkt zu haben, machte sich also recht gut in Duchovnys Lebenslauf.

Bedauerlicherweise reichte diese Tatsache aber noch nicht aus, um Duchovny wieder ins Geschäft zu bringen. Es dauerte noch fast ein ganzes Jahr, bis er ein weiteres Angebot erhielt. Wieder war es nur eine Nebenrolle, die er in *Todfreunde* spielte, wo man Duchovny im Hintergrund trinken sieht, während Rob Lowe und James Spader ihren Willenskampf austragen. Im Abspann wird Duchovny als »Clubbesucher« aufgelistet.

Die entscheidende Wende trat schließlich 1990 ein, als Duchovny eine Rolle in der zweiten (und letzten) Staffel von *Twin Peaks* angeboten wurde. David Lynchs Kultserie war in zweierlei Hinsicht für Duchovnys spätere Arbeit lehrreich: zum einen vermittelte sie ihm einen Eindruck von dem spezifischen Erzählstil, der später auch für *Akte X* bestimmend werden sollte. Zum anderen spielte er in *Twin Peaks* das erste Mal einen FBI-Agenten. Anders als Fox Mulder allerdings hat dieser keine Zeit für unerklärliche Phänomene und Verschwörungspläne der Regierung, sondern interessiert sich viel mehr für seine Kleider und hochhackigen Schuhe.

Mit der Figur des DEA Agent Dennis/Denise Bryson, die in Anlehnung an den früheren FBI-Chef J. Edgar Hoover entstanden war, mußte Duchovny zum ersten Mal einen Transvestiten spielen. Obwohl eine derartige Rolle für einen jungen Schauspieler, der noch am Beginn seiner Karriere steht, riskant erscheinen mag, verschwendete Duchovny nicht einen Gedanken daran, daß seine Mitarbeit bei *Twin Peaks* sich in der Folge als hinderlich erweisen könnte. Er war einfach nur froh, daß er eine »coole Rolle« in einer »coolen Serie« bekommen hatte. Und abgesehen davon brauchte er Geld.

Seit seinem Auftritt als Dennis/Denise Bryson ist Duchovny wiederholt gefragt worden, was er davon halte, wenn sich Männer in Frauenkleidern zeigen. Die immer gleiche Antwort lautete, daß es ihm außerordentlichen Spaß gemacht habe! Und für gewöhnlich fügte er hinzu, daß er sich vorher nicht habe vorstellen können, wie unbequem es ist, Kleider und vor allem einen BH zu tragen. Duchovny selbst glaubt, daß er als Frau wenig attraktiv wirkt, doch haben ihm andere attestiert, daß er schöne Beine habe. Seine Schwester sagte sogar, sie sei regelrecht neidisch gewesen, nachdem sie ihn in einer Folge von *Twin Peaks* gesehen hatte!

Dennis/Denise Bryson trat zwar lediglich in drei Folgen der Serie auf, wäre aber mit Sicherheit auch weiterhin dabeigewesen, wenn die Serie nicht nach der Produktion der zweiten Staffel eingestellt worden wäre. Wie dem auch sei, die Rolle war so bedeutend, daß man auf David Duchovny aufmerksam wurde und seine Agentin mit Rollenangeboten für Film- und Fernsehproduktionen geradezu überschwemmte.

Die Mitarbeit bei *Twin Peaks* hatte zur Folge, daß 1991 für den vielversprechenden Schauspieler ein extrem arbeitsreiches Jahr wurde. Es begann mit einer tragenden Rolle in *Dunkle Erleuchtung*, einem kompromißlosen und aufrüttelnden pseudo-religiösen Filmdrama. Der Film ist die erste Regiearbeit von Michael Tolkin und zeichnet die tragische Entwicklung einer jungen Frau vom Atheismus zum religiösen Fanatismus nach.

Tagsüber langweilt sich Sharon (Mimi Rogers, bekannt aus *Der Mann im Hintergrund*) in ihrem monotonen Job, während sie des Nachts mit ihrem zu sexuellen Ausschweifungen neigenden Freund Vic (Patrick Bauchau) auf der Suche nach neuen Liebhabern durch die Bars und Clubs zieht. Nach und nach wird Sharon ihres ziellosen und sinnentleerten Lebens überdrüssig und wendet sich der Religion zu, um eine Antwort auf die sich ihr aufdrängenden Fragen zu finden.

Die Geschichte setzt sechs Jahre später wieder ein. Sharon ist mit Randy (Duchovny), einem ihrer früheren Liebhaber, glücklich verheiratet. Eine gemeinsame Tochter macht das Familienidyll perfekt, das jedoch jählings zerstört wird, als Randy von einem seiner Kollegen bei der Arbeit getötet wird und Sharon im Tod ihres Mannes ein Zeichen für das Nahen des Jüngsten Gerichts sieht.

Mimi Rogers liefert als Sharon eine der besten Vorstellungen ihrer gesamten Karriere, während es Duchovny mühelos gelingt, Randys Verwandlung vom zwielichtigen Typen zum respektablen Familienvater überzeugend darzustellen. Das unversöhnliche Thema verhinderte, daß der Film ein breites Publikum erreichte, doch in den Programmkinos lief *Dunkle Erleuchtung* mit beachtlichem Erfolg und brachte Duchovny einige gute Kritiken ein.

Danach war Duchovny in Bashar Shbibs *Julia Has Two Lovers* zu sehen, einem weiteren »Cineasten«-Film. In dieser etwas schrägen romantischen Komödie spielt Duchovny einen jungen Mann, Daniel, der nach dem Zufallsprinzip Frauen anruft, um sie zu verführen. Als er eines morgens Julia (Daphne Kastner) am Hörer hat, läßt er sich mit ihr auf eine leidenschaftliche Affäre

ein – trotz der Tatsache, daß sie bereits mit Jack (David Charles) liiert ist.

Die meisten Kritiker taten *Julia Has Two Lovers* als amateurhaft ab und behaupteten, dies sei ein Film, den man so schnell wie möglich wieder vergessen sollte. Nur mit Mühe wurden die bescheidenen Produktionskosten an den Kinokassen wieder eingespielt. Trotz der überzeugenden schauspielerischen Leistung von Kastner und der vielversprechenden Anlage des Films, wird im Drehbuch (das im übrigen von Shbib und Kastner geschrieben wurde) versäumt, die Grundidee so zu entwickeln, daß die Aufmerksamkeit des Zuschauers über die gesamte Dauer des Films gefesselt würde.

David Duchovny erhielt für seine Rolle lediglich durchwachsene Kritiken; die *New York Times* faßte den Tenor der Reaktionen in dem Satz zusammen, der Schauspieler habe »ein angenehmes, verhaltenes Selbstbewußtsein« zum Ausdruck gebracht. Duchovny selbst hat das Gefühl, daß der Film unter dem Niveau geblieben ist, das er hätte erreichen können. Dennoch hebt er hervor, daß ihm die Dreharbeiten großen Spaß gemacht hätten, vor allem, weil ein Großteil der Texte improvisiert war, was seinem persönlichen Stil entgegenkam. Besonders gut gefällt ihm die Szene, in der Daniel zum ersten Mal mit Julia am Telefon spricht, da der (überwiegend improvisierte) Dialog über einen natürlichen Fluß verfügt und außerordentlich überzeugend wirkt.

Allerdings teilten die meisten anderen Beteiligten, Schauspieler wie Mitglieder des Produktionsteams, seine Begeisterung für das Projekt nicht. Duchovnys Schilderung nach haben manche von ihnen buchstäblich geschnarcht, während einige der Schlüsselszenen gedreht wurden!

Etwa um diese Zeit lernte Duchovny die Schauspielerin Perrey Reeves kennen, mit der ihn eine langjährige Beziehung verbinden sollte. Er kaufte gerade in einer Boutique ein und versuchte, sich zwischen einem blauen und einem grauen Anzug zu entscheiden, als er Perrey sah. Sie machte einen solchen Eindruck auf ihn, daß er sie auf der Stelle kennenlernen wollte. In dem eher plumpen Versuch, sie in ein Gespräch zu verwickeln, stellte er ihr die Frage, welchen Anzug er ihrer Meinung nach kaufen sollte. Sie riet ihm, beide zu nehmen, und der Rest ist, wie man so sagt, Geschichte.

Nach *Julia Has Two Lovers* begann Duchovny mit der Arbeit an seinem bisher kommerziellsten Film, der Komödie *Fast Food Family*, die sich vor allem an ein jugendliches Publikum richtete. Im wesentlichen als ein Vehikel für das aufstrebende Starlet Christina Applegate (vor allem bekannt aus Fox' überaus erfolgreicher US-Sitcom *Eine schrecklich nette Familie)* gedacht, beschreibt der Film die Abenteuer einer Gruppe von Teenagern, die in den Sommerferien allein zurechtkommen müssen, nachdem ihr Babysitter überraschend an einem Herzanfall gestorben ist.

Fast Food Family erwies sich an den Kinokassen als totaler Flop und bedeutete zugleich das Ende von Applegates Filmkarriere. Glücklicherweise war David Duchovnys Rolle als Bruce so unbedeutend, daß er aus dieser Katastrophe auf Zelluloid unbeschadet hervorging.

Mit seinem nächsten Projekt, *Denial: The Dark Side of Passion,* kehrte Duchovny in die Welt der weniger aufwendigen Filmproduktionen zurück. In dem Film, bei dem Eric Dignam für Drehbuch und Regie verantwortlich zeichnet, geht es um den Machtkampf zweier Liebender (gespielt von Robin Wright und Jason Patrick). Duchovny spielte den John und damit wieder eine Nebenrolle.

1991 wurde für den Schauspieler zum Jahr seines Durchbruchs. Nie zuvor hatte er derart viele Engagements gehabt. Nach den anfänglichen Schwierigkeiten seiner Karriere nutzte er nun die Chance, seine Vielseitigkeit zu demonstrieren und unter Beweis zu stellen, daß er durchaus in der Lage war, sowohl in Haupt- als auch Nebenrollen sowie in den verschiedensten Genres zu überzeugen. Zudem hatte er offensichtlich keine Angst, ein Risiko einzugehen. Kurz gesagt, sein Stern stieg allmählich empor. Und es sah nicht so aus, als ob er in der nächsten Zeit wieder als Journalist, Caterer oder Barmann arbeiten mußte!

Während Duchovny allmählich zu dem Schluß gelangte, daß er »das Denken aufgeben« mußte, um in seinem Beruf erfolgreich zu sein, arbeitete Gillian Anderson wie nie zuvor für gute Ergebnisse in der Schule, um ihr Ziel zu erreichen und Schauspielerin werden zu können. Nach dem Abschluß an der Michigan City High School zog sie nach Chicago, wo sie die Goodman Theater School an der DePaul University besuchte und ihren Bachelor of Fine Arts (BFA) machte. Mit allem Eifer stürzte sie sich in ihr Studium und entwickelte den Ehrgeiz, ihr Bestes zu geben.

1988 nahm sie an einem Sommerkurs teil, den das National Theatre Of Great Britain an der Cornell University, New York veranstaltete, um weitere Erfahrungen in ihrem Fach zu sammeln. Im darauffolgenden Jahr beschloß sie, mit dem Trinken aufzuhören, weil sie den Eindruck hatte, daß sie dem Alkohol »ein wenig zu sehr« zusprach. Nichts sollte ihrer Arbeit im Weg stehen. Seit ihrem einundzwanzigsten Geburtstag hat Anderson keinen Tropfen Alkohol mehr angerührt.

Oben: **Die zufällige Begegnung in einer Boutique markierte den Beginn der Beziehung zwischen Duchovny und der Schauspielerin Perrey Reeves.**

Unten: Fast Food Family **zeigte Duchovny als schleimigen Geschäftsmann Bruce.**

Träume, Tragödien und Gelegenheitsjobs

Eigentlich hatte die theaterverrückte Gillian Anderson sich geschworen, nie für das Fernsehen zu arbeiten und nie von New York nach Los Angeles umzuziehen.

Während des Studiums an der Goodman Theater School trat Anderson in zahlreichen Produktionen auf, darunter auch *A Flea In Her Ear.* Obgleich sie in dieser Farce nur eine kleine Rolle spielte, denkt sie gern an ihren ersten Versuch im komischen Fach zurück.

In Chicago wurde sie schließlich auch von einem Talentsucher der mächtigen William Morris Agency entdeckt. Prompt bot ihr die Agentur an, sie zu vertreten. Voraussetzung dafür war allerdings, daß sie nach New York zog. Die junge, aufstrebende Schauspielerin lehnte dieses verlockende Angebot selbstverständlich nicht ab.

Also machte sie sich eines Abends gegen elf Uhr mit einem Volkswagen, in den sie all ihre Habe gepackt hatte, auf den Weg in Richtung »Big Apple«. »Das Auto war so vollgestopft, daß man nicht mehr durch die Heckscheibe sehen konnte«, erinnert sie sich. »Und als ich irgendwo anhielt, um ein paar Stunden zu schlafen, mußte ich mich wie ein Embryo zusammenrollen.«

In New York angekommen, schwor sich Anderson, nie nach Los Angeles zu ziehen und nie Rollenangebote im Fernsehen anzunehmen. Sie wollte ausschließlich Theater spielen und vielleicht ab und zu in einem Kinofilm mitwirken. Trotz der Unterstützung der William Morris Agency waren die Rollenangebote anfangs nur spärlich, so daß Anderson nebenher als Kellnerin arbeiten mußte, um sich ihren Lebensunterhalt zu verdienen.

1991 fand Andersons Kellnerinnenkarriere ein jähes (wenn auch vorübergehendes) Ende, als überraschend die weibliche Hauptrolle in einer Off-Broadway-Produktion von Alan Ayckbourns Stück *Absent Friends* frei wurde. Mary-Louise Parker, die ursprünglich die Rolle hatte spielen sollen, war zwei Wochen nach Beginn der Proben abgesprungen, weil man ihr einen Part in Lawrence Kasdans Film *Grand Canyon* angeboten hatte. Nun suchten die Produzenten des Stückes hektisch nach einem Ersatz. Nachdem sie eine Reihe Schauspielerinnen hatten vorsprechen lassen, fiel ihre Wahl schließlich auf Anderson, die dann für ihre Vorstellung begeisterte Kritiken und den renommierten Theater World Award bekam.

Aber leider lassen sich mit Ruhm und Ehre keine Rechnungen bezahlen, und sobald *Absent Friends* aus dem Repertoire genommen wurde, war Anderson wieder arbeitslos. Nachdem sie ein paar Wochen lang vergeblich auf ein neues Engagement gewartet hatte, sah sie sich genötigt, erneut in zwei verschiedenen Restaurants als Kellnerin zu arbeiten, um sich über Wasser zu halten. Doch schon wenige Monate später sollte sich das Blatt wenden. An einem einzigen Tag erhielt Anderson drei Rollenangebote. Es handelte sich dabei zum einen um eine weitere Off-Broadway-Produktion in New York, zum zweiten um eine Inszenierung des *Philanthropist* von Christopher Hampton am Long Wharf Theatre in New Haven, Connecticut, und zum dritten um einen Low-Budget-Film mit dem Titel *Tote haben keinen Namen.*

Nach reiflicher Überlegung gelangte Anderson zu dem Schluß, daß es sich, schlüge sie das Angebot in New York aus, zeitlich einrichten ließ, erst den Film *Tote haben keinen Namen* zu drehen und dann mit den Proben für *The Philanthropist* zu beginnen.

Thema von *Tote haben keinen Namen* (nach dem Stück *Home Fires Burning* von Chris Ceraso) ist der Aufstieg des Neonazismus und dessen Auswirkungen auf das alltägliche Leben. Die Handlung setzt mit der Rückkehr des zweiundzwanzigjährigen, zur Szene der Neonazis gehörenden Clifford Harnish (Michael Dolan) ein, der einige Jahre ziellos umhergereist ist. Er muß erkennen, daß sein Vater Mark (Raymond J. Barry) ein Verhältnis mit Glory (Karen Allen, bekannt aus *Jäger des verlorenen Schatzes)* hat, während seine Mutter Martha (Tess Harper) zur Alkoholikerin geworden ist. Vergeblich versucht er, seinen Vater davon zu überzeugen, Glory zu verlassen. Schließlich schüchtert Clifford die Geliebte seines Vaters mit der Androhung physischer Gewalt derart ein, daß sie einwilligt, Mark nicht mehr zu sehen.

Dem Regisseur L. A. Puopolo gelang es leider nicht, sich von der Bühnenfassung zu lösen und dem Film eine tiefgreifende emotionale Bedeutung zu verleihen. Dennoch erhielten die Schauspieler für ihre Leistungen einige positive Kritiken, unter ihnen auch Gillian Anderson, die als Cliffords Freundin April Cavanaugh ihr Filmdebüt gab.

Tote haben keinen Namen lief nur kurz in den Kinos und konnte die Produktionskosten nicht einspielen. Unter einem neuen Titel, *The Turning*, wurde der Film schließlich von dem amerikanischen Kabelkanal HBO ausgestrahlt. Anderson selbst äußerte sich zu einem späteren Zeitpunkt ausgesprochen kritisch über ihren ersten Film und bedeutete den zahlreichen Fans, die sie seit *Akte X* hat, daß es pure Zeitverschwendung sei, ihn auftreiben zu wollen!

Gleich nach Abschluß der Dreharbeiten zu *Tote haben keinen Namen* kehrte Anderson zur Bühne zurück und begann in New Haven mit den Proben zu *The Philanthropist.* Die Inszenierung hatte mäßigen Erfolg und brachte der Schauspielerin weiteres Lob, doch wiederum nicht den entscheidenden Anstoß für ihre Karriere. Indirekt allerdings sollte Andersons Mitarbeit an dem Stück der erste Schritt nach Los Angeles und damit in Richtung auf das Fernsehen sein.

3/Unter-schiedliche Welten

Während Duchovny auf dem besten Weg war, ein Filmstar zu werden, erlitt Andersons Karriere einen Rückschlag.

T*win Peaks* hatte 1991 das vorzeitige Ende der Karriere von David Duchovny verhindert und ihm im selben Jahr zu vier Filmrollen verholfen. Und auch die folgenden zwölf Monate sollten sich für den aufsteigenden Star als nicht weniger produktiv erweisen.

Das Jahr 1992 begann für Duchovny mit einem weiteren »Cineasten«-Film, wieder unter der Regie von Henry Jaglom. *Venice/Venice*, ein Film über eine grotesk egoistische Liebesaffäre, zeigt Jaglom in der Rolle des eigenbrötlerischen amerikanischen Regisseurs Dean, dessen Arbeit von einer französischen Journalistin (Nelly Alard) mit einem an Besessenheit grenzenden Interesse verfolgt wird. Duchovny, der in dem Film

eine kleine Nebenrolle hatte, genoß das Wiedersehen mit Jaglom (mit dem er bereits bei *Neujahr in New York* gearbeitet hatte) und Daphne Kastner (der weiblichen Hauptdarstellerin in *Julia Has Two Lovers*).

Das nächste Angebot, das Duchovny annahm, war eine Nebenrolle in John Mackenzies umstrittener Filmbiographie *Ruby*. Der halb dokumentarische, halb fiktive Bericht über die Ermordung John F. Kennedys aus der Perspektive von Jack Ruby (Danny Aiello) zeigt Duchovny in der Rolle des Police Officers J. D. Tippit, dessen Hauptaufgabe darin besteht, die Stripteasetänzerin Candy Cane (Sherilyn Fenn) mit lüsternen Blicken zu verfolgen und sich dabei in seiner Uniform nicht recht wohl zu fühlen!

Nach Abschluß der Dreharbeiten zu *Ruby* erhielt Duchovny ein Rollenangebot für die Fernsehserie *The Red Shoe Diaries*. Doch mittlerweile hatte er Gefallen daran gefunden, zwischen höchst unterschiedlichen Rollen in verschiedenen Projekten hin und her zu wechseln. Daher erklärte er dem Produzenten der Serie zunächst, daß er wenig Lust habe, sich mit einer auf etliche Folgen angelegten Fernsehserie auf einen einzigen Charakter festzulegen. Als man ihm allerdings deutlich machte, daß seine Rolle als Erzähler ihn nicht über Gebühr belasten würde (die Dreharbeiten ließen sich auf wenige Tage im Monat beschränken oder in einem Block innerhalb einiger Wochen beenden), kam Duchovny zu der Erkenntnis, daß die Mitarbeit an der Serie eine gewisse Absicherung darstellte, ohne ihn zugleich an der Verwirklichung anderer Projekte zu hindern.

Die erste Folge von *The Red Shoe Diaries* zeigt den Architekten Jake (Duchovny), der über den für ihn vollkommen unerwarteten Selbstmord seiner Verlobten geschockt ist. Verzweifelt und tief erschüttert über ihren Tod beginnt er, in ihrem Tagebuch zu lesen. Auf diese Weise erfährt er, der bis dahin vollkommen ahnungslos war, daß seine Freundin eine Affäre hatte. Jake schwört, alles ihm mögliche zu unternehmen, um zu verhindern, daß anderen eine ähnliche Tragödie widerfährt. Mit einer Anzeige fordert er Zeitungsleser dazu auf, ihm ihre intimsten Geheimnisse mitzuteilen.

Dadurch wird Duchovny zum Erzähler der weiteren Folgen und zur einzigen immer wiederkehrenden Figur dieser romantischen Anthologie. Ähnlich wie in *Akte X* erhält er auch in dieser Serie kaum die Gelegenheit zu einer Romanze, oder um es mit den Worten des Schauspielers auszudrücken: »Es sind immer die anderen, die die Mädchen bekommen«.

Sobald die Dreharbeiten für die ersten Folgen von *The Red Shoe Diaries* beendet waren, hatte Duchovny Zeit für andere Projekte und konnte eine Rolle in Richard Attenboroughs aufwendiger Filmbiographie *Chaplin* annehmen. Während Robert Downey Jr. in diesem Filmepos, dessen Besetzungsliste wahrhaft gigantische Ausmaße hat, in der Rolle des legendären Komikers brilliert, hat Duchovny einige recht schöne Szenen als Kameramann Rollie Totheroh. Außerdem empfand er die Mitwirkung an einem derart prestigeträchtigen Projekt als große Ehre.

Duchovnys nächster Film, *Ein Hund namens Beethoven*, sollte sich als sein bis dato größter kommerzieller Erfolg erweisen. Die spritzige Komödie verfolgt die Bemühungen der Familie Newton, sich mit einem ungebetenen Gast zu arrangieren – dem Titelhelden Beethoven, einem einhundertachtzig Pfund schweren Bernhardiner. Trotz des Auftretens so bekannter Schauspieler wie Charles Grodin und Helen Hunt war der Hund der eigentliche Star des Films und machte ihn zu einem gigantischen Kassenschlager. Als feindseliger Yuppie Brad mußte Duchovny gegen eine goldene Regel seines Berufsstandes verstoßen, derzufolge man nie mit Kindern und Tieren zusammenarbeiten sollte. In einem

***Oben:* In *The Red Shoe Diaries* spielte Duchovny seine erste Hauptrolle in einer Fernsehserie.**

***Unten:* Duchovny als Kameramann Rollie Totheroh und Robert Downey Jr. als Chaplin in Richard Attenboroughs opulenter Filmbiographie des Stummfilmstars.**

***Gegenüberliegende Seite:* Mit Michelle Forbes auf den Spuren eines Serienmörders in *Kalifornia*.**

DALLAS POLICE
DEPARTMENT

Duchovny wußte, daß seine »große Chance« kommen würde – und er konnte warten.

Oben: In der erfolgreichen Komödie _Ein Hund namens Beethoven_ verkörperte Duchovny den unsympathischen Yuppie Brad.

Unten: Brian Kessler (Duchovny) muß in _Kalifornia_ die Erfahrung machen, daß der Anhalter Early Grayce (Brad Pitt) einen höchst bizarren Sinn für Humor hat.

Vorhergehende Seite: In _Ruby_ verfällt Duchovny dem Zauber von Sherilyn Fenn.

Gegenüberliegende Seite: Trotz ihrer preisgekrönten Vorstellung in dem Theaterstück _Absent Friends_ und dem vielversprechenden Filmdebüt in _Tote haben keine Namen_ wurde Gillian Anderson erst durch ihre Darstellung der Dana Scully zum Star.

Interview mit *Entertainment Weekly* erzählte Duchovny später, er erinnere sich besonders lebhaft daran, daß Beethoven »furchtbar gesabbert hat«.

Für sein folgendes Projekt, das packende TV-Drama *Baby Snatcher*, kehrte der Schauspieler erneut in die Welt des Fernsehens zurück. Der auf einer wahren Begebenheit basierende Film der Regisseurin Joyce Chopra zeigt Veronica Hamel (bekannt aus *Polizeirevier Hill Street*) in der Rolle der Bianca Hudson, einer Frau in mittleren Jahren, die heimlich das Kind einer ledigen Mutter entführt und als ihr eigenes ausgibt. Auf der Suche nach ihrem Baby muß Karen Williams (Nancy McKeon) erkennen, daß das FBI sie des Kindsmordes verdächtigt. Duchovny spielt mit großer Überzeugungskraft den reichen Geschäftsmann David Anderson, den Vater des Kindes, der sich zwischen Ehefrau, Geliebter und Kind hin und her gerissen fühlt.

David Duchovnys Karriere war nun endgültig in Bewegung geraten. Eine ganze Reihe Filmrollen und die Mitwirkung an einer Fernsehserie sprachen für sich. Als ihm schließlich neben Hollywoods Superstar Brad Pitt (der gerade einen großen Erfolg mit *Aus der Mitte entspringt ein Fluß* gefeiert hatte) und der aufstrebenden Schauspielerin Juliette Lewis *(Kap der Angst)* eine Rolle in dem Film *Kalifornia* angeboten wurde, sah es ganz so aus, als ob David Duchovny kurz davor stand, in die »Top-Liste« Hollywoods aufzusteigen.

Die Eingangsszenen von *Kalifornia*, dem Regiedebüt des Videoclip-Filmers Dominic Sena, stellen den ehrgeizigen Journalisten Brian Kessler (Duchovny) und seine Freundin, die Fotografin Carrie (Michelle Forbes) vor, die sich auf eine Reise quer durch die USA vorbereiten, um an historischen Schauplätzen Material für ein gemeinsames Buchprojekt über Massenmörder zu sammeln. Kurz nach ihrer Abfahrt einigen sie sich darauf, Mitfahrer zu suchen, um mit ihnen die Reisekosten zu teilen. Sie stoßen auf den charismatischen Early Grayce (Pitt) und dessen Freundin Adele (Lewis) und nehmen die beiden mit. Je länger ihre Reise dauert, desto klarer wird Brian und Carrie, daß hinter ihnen im Wagen möglicherweise ein echter Serienmörder sitzt!

Die in *Kalifornia* gesetzten Erwartungen waren groß. Zumindest theoretisch konnte der Film gar kein Mißerfolg werden: der überwältigende Erfolg von *Das Schweigen der Lämmer* hatte bewiesen, daß das Thema Serienkiller das Publikum faszinierte; zudem gehörten Roadmovies schon immer zu den populärsten Produkten der amerikanischen Filmindustrie, und Brad Pitt war der Shooting-Star Hollywoods. Die Insider waren sich einig, daß *Kalifornia* ein Kassenschlager werden mußte.

Doch sie hatten sich getäuscht. Die Mehrheit der Kritiker verurteilte den Film als pure Zeitverschwendung, und auch der Erfolg an den Kinokassen blieb aus. Selbst die Fans von Brad Pitt verzichteten darauf, sich ihr Idol in der düstersten (und unvorteilhaftesten) Rolle seiner gesamten Filmlaufbahn anzusehen.

Doch trotz der ablehnenden Haltung, die Publikum und Kritiker dem Film gegenüber einnahmen, ist *Kalifornia* durchaus nicht als künstlerisches Desaster zu bewerten. Die schauspielerischen Leistungen der vier Hauptdarsteller sind durchweg herausragend; Pitt als Bösewicht ist eine Offenbarung, und Duchovny ist in der Rolle des Durchschnittsbürgers außerordentlich überzeugend. Die Mängel des Films rühren vielmehr von der prätentiösen und oberflächlichen Regie Dominic Senas her, dem es nicht gelingt, die Aufmerksamkeit des Zuschauers zu fesseln, so daß die angebliche »Reise in das Herz des Schreckens« eine Reise in die Langeweile wird.

David Duchovny wurde durch *Kalifornia* zwar nicht zum Filmstar, aber immerhin konnte er mit diesem Film unter Beweis stellen, daß er durchaus in der Lage ist, eine Hauptrolle in einem Mainstream-Film zu spielen. Duchovny war über den Mißerfolg des Films zwar enttäuscht, ließ sich dadurch aber nicht entmutigen. Zuversichtlich, daß seine »Chance für den ganz großen Wurf« noch kommen würde, setzte er auf den Faktor Zeit – er konnte warten.

Während Duchovnys Karriere steil nach oben ging, mußte Gillian Anderson feststellen, daß die Rollenangebote immer spärlicher und die zeitlichen Abstände zwischen den einzelnen Offerten immer größer wurden. So sah sie sich nach ihrem Auftritt in *The Philanthropist* erneut mit einer längeren Phase der Beschäftigungslosigkeit konfrontiert. Endlich entschloß sie sich dazu, nach Los Angeles zu fahren, um dort ihren damaligen Freund zu besuchen, einen Schauspieler, den sie während der Arbeit in New Haven kennengelernt hatte.

Ihr Freund versuchte, Anderson zu überzeugen, in Los Angeles zu bleiben und machte ihr klar, daß Hollywood wesentlich bessere Arbeitsmöglichkeiten für einen Schauspieler bietet als New York. Entgegen ihrem ursprünglichen Entschluß, nie nach L.A. zu ziehen,

willigte Anderson schließlich ein, zumindest eine Weile in Kalifornien zu bleiben, und ihr Gastgeber versprach Gillian, sie so lange finanziell zu unterstützen, bis sie Arbeit fand.

Am ersten Tag ihrer Jobsuche in Los Angeles war Anderson noch fest entschlossen, auf keinen Fall fürs Fernsehen zu arbeiten. Lediglich Rollen in Theaterstücken oder Filmen interessierten sie. Doch diese strikte Haltung sollte die Schauspielerin schon bald aufgeben. Denn als sich herausstellte, daß es auch in Hollywood nicht einfach ist, für ein Theater- oder Filmprojekt engagiert zu werden, mußte sie erneut einen Job als Kellnerin annehmen.

Täglich zwei bis drei Vorsprechtermine absolvierte Anderson in den Jahren 1991 und 1992, doch ohne Erfolg. Schließlich erhielt sie eine kleine Gastrolle in der achten Folge von Fox' kurzlebiger Sitcom *Class of '96*, die unter dem Titel »The Accused« ausgestrahlt wurde. Der Auftritt in dieser Serie stellte nicht nur Andersons Bildschirmpremiere dar, er war auch die einzige Fernseherfahrung, die sie vorweisen konnte, als sie die weibliche Hauptrolle in *Akte X* erhielt.

Im Anschluß an die Arbeit bei Fox wirkte Anderson an einer Audioaufzeichnung von *Last Exit To Eden* mit. Gerade zwei Tage hatten sie und ein anderer Schauspieler Zeit, um den Roman auf Band zu sprechen, wobei man Anderson vorher nicht einmal darüber informiert hatte, daß sie in der Lage sein mußte, verschiedene Akzente nachzuahmen, darunter einen südamerikanischen und einen französischen. »Wir hatten nicht eine Minute Zeit zum Proben«, erzählte sie später in einer Radiosendung von CBC in Vancouver. »Es blieb mir nichts anderes übrig, als ins kalte Wasser zu springen und zu hoffen, daß ich mich nicht allzu sehr blamierte.« Nachdem sie durch *Akte X* bekannt geworden war, erfuhr Anderson zu ihrem großen Entsetzen, daß die Tonbandaufnahme noch immer erhältlich war und bei begierigen X-philes auf der ganzen Welt reißenden Absatz fand!

Ende des Jahres 1992 lagen zwischen den beiden Schauspielern Gillian Anderson und David Duchovny also noch Welten. Duchovnys Zukunft hatte nie rosiger ausgesehen, während Andersons Karriere in eine Sackgasse geraten war. Im Hinblick auf ihren persönlichen wie auch beruflichen Werdegang konnten sie kaum verschiedener sein. Doch ihrer beider Lebens- und Berufswege sollten sich schon bald kreuzen – mit dem Start einer Fernsehserie, die den Titel *Akte X* trug.

FILE
X

4/Die Akten werden geöffnet

Als das Konzept von *Akte X* vorgestellt wurde, ahnte kaum jemand, welchen außergewöhnlichen Erfolg die Serie haben würde.

Im Sommer 1992 begannen die Verantwortlichen der 20th Century Fox mit der Vorauswahl von Konzepten für neue Serien, die im Herbst 1993 anlaufen sollten. Unter den siebenunddreißig Projektskizzen, die vorlagen, befand sich auch das Exposé für eine Serie, die eine skurrile Mischung aus Science Fiction und Horrorthriller zu werden versprach und den Titel *Akte X* trug.

Urheber der Idee zu *Akte X* war Chris Carter, ehemaliger Journalist und Herausgeber des *Surfing Magazine*, der bereits für zwei sehr erfolgreiche Fernsehserien verantwortlich zeichnete, *Fullhouse* und *Brand New Life*, sowie für den Pilotfilm *Cameo By Night*, der allerdings beim Publikum durchgefallen war. Carter knüpfte mit seinem neuen Projekt an eine Serie an, die in den Siebzigern unter dem Titel *Der Nachtjäger* nur kurz gelaufen war. Er versicherte der Filmgesellschaft, daß *Akte X* sehr modern, kultiviert und extrem spannend werden würde. Die Serie sollte die Abenteuer der FBI Special Agents Fox Mulder und Dana Scully schildern, die den Auftrag hatten, Licht in ungelöste Fälle des FBI zu bringen, bei denen es um unerklärliche Phänomene ging – die sogenannten »X-Akten«.

Um auszuschließen, daß Mulders und Scullys Kampf gegen Außerirdische, Eingeweide fressende Monster und Gespenster nicht lächerlich oder albern wirkte, forderte Carter, daß die Serie einen sehr ernsthaften, fast dokumentarischen Charakter haben müßte und alle geschilderten Ereignisse in den Bereich des

Oben: **Um die Produktionskosten gering zu halten, wird *Akte X* wie fast alle 20th Century Fox-Serien in Vancouver, Kanada, gedreht.**

Gegenüberliegende Seite: **Im März 1993 begann mit dem Pilotfilm zur Serie der kometenhafte Aufstieg des Duos.**

»unter extremen Bedingungen Denkbaren« fallen sollten. Mit anderen Worten, die Handlung der einzelnen Episoden durfte zwar unwahrscheinlich, aber nie unmöglich wirken.

Während der Ausarbeitung der Serie war Carter klar geworden, daß er mit zwei verschiedenen Zuschauergruppen zu rechnen hatte: jene, die bereit waren, die Existenz außerirdischer, paranormaler und übernatürlicher Phänomene anzuerkennen, und jene, die das alles für Unsinn hielten. Folglich hatte er Mulder als überzeugten Anhänger des Paranormalen konzipiert, Scully dagegen als Skeptikerin, die daran glaubt, daß es letztlich für alles eine wissenschaftliche Erklärung gibt. Damit, so führte Carter aus, ließe sich nicht nur jede Geschichte aus zwei vollkommen verschiedenen Perspektiven beleuchten, sondern auch die Basis für einen überzeugenden Konflikt zwischen den beiden Protagonisten schaffen.

Bereits in einem der ersten Gespräche mit der 20th Century Fox wurde Carter deutlich, daß das Studio den Eindruck hatte, sein Konzept für *Akte X* sei zu engmaschig für eine Serie. Einer der Produzenten erinnerte daran, daß der thematisch verwandten Serie *Der Nachtjäger* bereits nach Ende der ersten Staffel die Ideen ausgegangen waren und die folgenden Episoden nur noch langweilige Wiederholungen des immer gleichen Musters dargestellt hatten. Um dieser Kritik zu begegnen, kam Carter auf die geniale Idee, eine Nebenhandlung einzuführen, in der es um eine internationale Verschwörung politisch nahestehender Regierungen geht. Diesem Umstand verdanken wir ungeheuer einprägsame Sätze wie: »The truth is out there«, »Trust no one« und »I want to believe«, die schon bald Eingang in die Alltagskultur fanden.

Doch Carters ehrgeizige und enthusiastisch vorgetragene Pläne für *Akte X* konnten die Produzenten nicht davon überzeugen, daß ein derart ungewöhnliches Projekt Zuschauer finden würde. Die meisten von ihnen waren der Ansicht, *Akte X* könne im besten Fall so erfolgreich werden wie die Serie *Twin Peaks*, die zwar in bestimmten Kreisen Kultstatus erreicht hatte, aber bei einem breiten Publikum nicht angekommen war und deshalb bereits nach zwei Jahren abgesetzt wurde. Zugleich war man sich bei der Fox aber auch des bemerkenswerten Erfolgs bewußt, den der Film *Das Schweigen der Lämmer* bei Kritikern und Zuschauern gehabt hatte, und fragte sich selbstverständlich, ob eine Serie wie *Akte X*, in der nach einem ganz ähnlichen Rezept FBI-Stories mit dem Genre des Horrorfilms vermischt wurden, nicht einen ähnlichen Anklang finden würde. Nach einigem Hin und Her entschloß sich die 20th Century Fox schließlich, einen Pilotfilm in Auftrag zu geben, um das Terrain zu erkunden.

Als der Besetzungschef Randy Stone die Beschreibung von FBI Special Agent Mulder gelesen hatte, empfahl er Chris Carter ohne langes Zögern David Duchovny für die Rolle. Stone wußte selbstverständlich, daß Duchovny am Beginn einer vielversprechenden Filmkarriere stand und erinnerte sich überdies an seinen Auftritt als FBI Agent Dennis/Denise Bryson in *Twin Peaks*.

Kalifornia hatte beim Publikum zwar nicht den erwarteten Erfolg gehabt, doch das änderte nichts daran, daß Duchovny kurz davor stand, ein Filmstar zu werden. Ihm fehlte lediglich ein einziger überzeugender Film, ein echter Hit. Begreiflicherweise hatte der Schauspieler daher kein großes Interesse an Fernsehprojekten, die ihn in seiner Karriere nicht weiterbringen, sondern eher zurückwerfen würden. Seine Managerin las alle Drehbücher, die ihm zugesandt wurden, und lehnte die meisten Angebote für Fernsehproduktionen im Interesse ihres Klienten ab.

Akte X jedoch war die Ausnahme, die die Regel bestätigt. Sobald Duchovnys Managerin das Drehbuch für den Pilotfilm zur Serie durchgelesen hatte, schickte sie es ihrem Klienten. Duchovny überflog es und rief sofort seine Managerin an, um ihr mitzuteilen, daß er Interesse an einem Gesprächstermin mit den Produzenten der Serie hätte, um über die Rolle zu reden.

Bei seinem ersten Treffen mit dem Produktionsstab von *Akte X* trug Duchovny eine mit kleinen rosa Schweinen bedruckte Krawatte. Trotz dieses für eine Figur wie Mulder entschieden unpassenden Outfits war Chris Carter sofort davon überzeugt, daß Duchovny der Richtige für die Rolle war. Zwar hatte sich Carter verpflichtet, noch einen zweiten möglichen Hauptdarsteller vorzuschlagen, doch er selbst zweifelte nicht eine Sekunde daran, daß Duchovny die perfekte Besetzung für Fox Mulder war, und es gelang ihm, auch das Studio davon zu überzeugen.

Kurz nach seinem ersten Treffen mit Carter wurde Duchovny daher von der 20th Century Fox ein Fünfjahresvertrag für *Akte X* angeboten. Nach reiflicher Überlegung beschloß Duchovny, das Angebot anzunehmen. In seinen Augen sprachen im wesentlichen zwei Gründe für die Mitarbeit an der Serie: zum einen war sie »im Grunde genommen wie ein Film angelegt«, und zum anderen versprach sie »nützliche Erfahrungen und einen höheren Bekanntheitsgrad«. Als seine Agentin ihn auf die Nachteile einer langjährigen Verpflichtung aufmerksam machte, gestand Duchovny, daß er nicht glaubte, die Serie werde länger als »sechs oder höchstens zwölf Folgen laufen«. Fünf Jahre hielt er auf jeden Fall für vollkommen ausgeschlossen. Sobald *Akte X* abgesetzt sei, könne er sich daher wieder seiner Filmkarriere widmen.

Durch ausgefeilte Drehbücher und hohen Produktionsstandard erreicht *Akte X* nahezu Leinwandqualität.

Chris Carter mag keine allzu großen Schwierigkeiten gehabt haben, die Produzenten der 20th Century Fox davon zu überzeugen, daß David Duchovny der richtige Mann für die Rolle des Fox Mulder war. Doch sie dazu zu bringen, Gillian Anderson als Dana Scully auch nur in Betracht zu ziehen, geschweige denn zu besetzen, erwies sich als nahezu unmögliche Aufgabe.

Das Drehbuch für den Pilotfilm von *Akte X* war nur eines von vielen, die Anderson zu Beginn des Jahres 1993 las. Dennoch erregte es sofort ihr Interesse, da hier im Gegensatz zu den meisten anderen Fernsehserien eine »starke und unabhängige Frau als Hauptfigur« auftrat. Und ähnlich wie David Duchovny hatte Anderson den Eindruck, daß das stimmige Drehbuch und die exzellenten Produktionsbedingungen der Serie nahezu »Filmqualität« verleihen könnten.

Unglücklicherweise hatte Anderson, als sie das erste Mal für die Rolle vorsprach, nicht die geringste Ahnung, wie die Figur der Dana Scully aussehen sollte. So betrat sie das Büro von Randy Stone eher lässig gekleidet und mit halb aufgelöstem Haar. Trotz ihres unpassenden Äußeren spürte Chris Carter, daß sie genau das hatte, was er suchte, und so erklärte er sie zu seiner Favoritin für die Rolle von Scully.

Im Laufe der Zeit wurde allerdings immer deutlicher, daß die Studiobosse ihre eigenen Pläne hatten, was die Besetzung der Rolle betraf. Während Carter sich für Gillian Anderson aussprach, schwebte den Produzenten eine aufsehenerregende Hollywood-Schönheit vor. Kurz gesagt, sie wollten eher eine Pamela Anderson als eine Gillian Anderson. Außerdem bemängelten sie, daß Anderson mit ihren siebenundzwanzig Jahren zu jung und zu unerfahren für die Rolle der dreißigjährigen Scully war, um neben einem Schauspieler wie David Duchovny zu arbeiten. (In Wahrheit war sie sogar erst vierundzwanzig, aber ihre Agenten hatten »aus Versehen« ein falsches Alter angegeben.) Doch Carter war zu keinem Kompromiß bereit und bestand auf Anderson. Nach eingehendem Studium von Andersons gesamtem Fernsehmaterial – das aus einer einzigen Folge von *Class of '96* bestand – gab die 20th Century Fox schließlich nach und beschloß, ihr mit dem Pilotfilm eine Chance zu geben. Erst zwei Tage vor Beginn der Dreharbeiten erfuhr Anderson, daß sie die Rolle bekommen hatte.

Der Pilotfilm von *Akte X* wurde innerhalb von zwei Wochen im März 1993 mit einem Budget von gut einer Million Dollar gedreht. Wie die meisten Fernsehproduktionen der Century Fox wurde er aus wirtschaftlichen Gründen in den North Shore Studios in Vancouver, Canada, gedreht.

David Duchovny, der das relativ gelassene Arbeitstempo von Filmproduktionen gewöhnt war, mußte schockiert feststellen, wie unbarmherzig der Zeitplan für *Akte X* aussah. Während der Dreharbeiten für den Pilotfilm wurde jeden Tag, von Montag bis Freitag, zwischen vierzehn und sechzehn Stunden gearbeitet, und die Hauptdarsteller mußten fast die gesamte Zeit am Set sein.

Auch Gillian Anderson machte die Erfahrung, daß das Arbeitstempo wesentlich schneller war, als sie erwartet hatte. »Ich war verzweifelt, ich brauchte jemanden, der mir half, mich zurechtzufinden«, erinnert sie sich. »David hat sich wirklich ganz wundervoll um mich gekümmert.«

Außerdem hatte Anderson Schwierigkeiten, sich an Scullys Wissenschaftsjargon zu gewöhnen. Jedesmal, wenn sie ihren Text vergaß oder sich versprach, fühlte sie sich ganz furchtbar, vor allem, weil Duchovny mit der Mulder eigenen Sprechweise offenbar mühelos zurechtkam.

Als sie die ersten Fotos für die PR-Kampagne sah, stellte Anderson erstaunt fest, um wie viel kleiner als Duchovny sie auf diesen Bildern wirkte. Mit ihrer Größe von ein Meter sechzig ist sie gut zwanzig Zentimeter kleiner als er. Auf den Fotos, witzelte Anderson, sah es allerdings so aus, als ob sie ihm nur gerade bis zum Bauchnabel reichte!

Trotz dieser unbedeutenden Schwierigkeiten verstanden sich Duchovny und Anderson von Anfang an ausgezeichnet und wurden mit der Zeit gute Freunde. Das eine oder andere Boulevardblatt behauptete sogar, aus ihrer Freundschaft habe sich eine kurze und leidenschaftliche Romanze entwickelt. Doch beide haben derartige Berichte entschieden dementiert. Anderson gestand zu einem späteren Zeitpunkt ein, daß sie diese Geschichten außerordentlich amüsiert haben, und gab bei der Gelegenheit zu erkennen, daß sie eine Vorliebe für vollkommen aus der Luft gegriffene Gerüchte hat. Duchovny dagegen fand die Klatschspaltengeschichten über sich und Anderson alles andere als amüsant und

Oben: **Die Produktionsbedingungen der Serie sind sehr viel härter, als Duchovny ursprünglich glaubte.**

Gegenüberliegende Seite: **Mulder und Scully – FBI-Agenten mit großer Kompetenz**

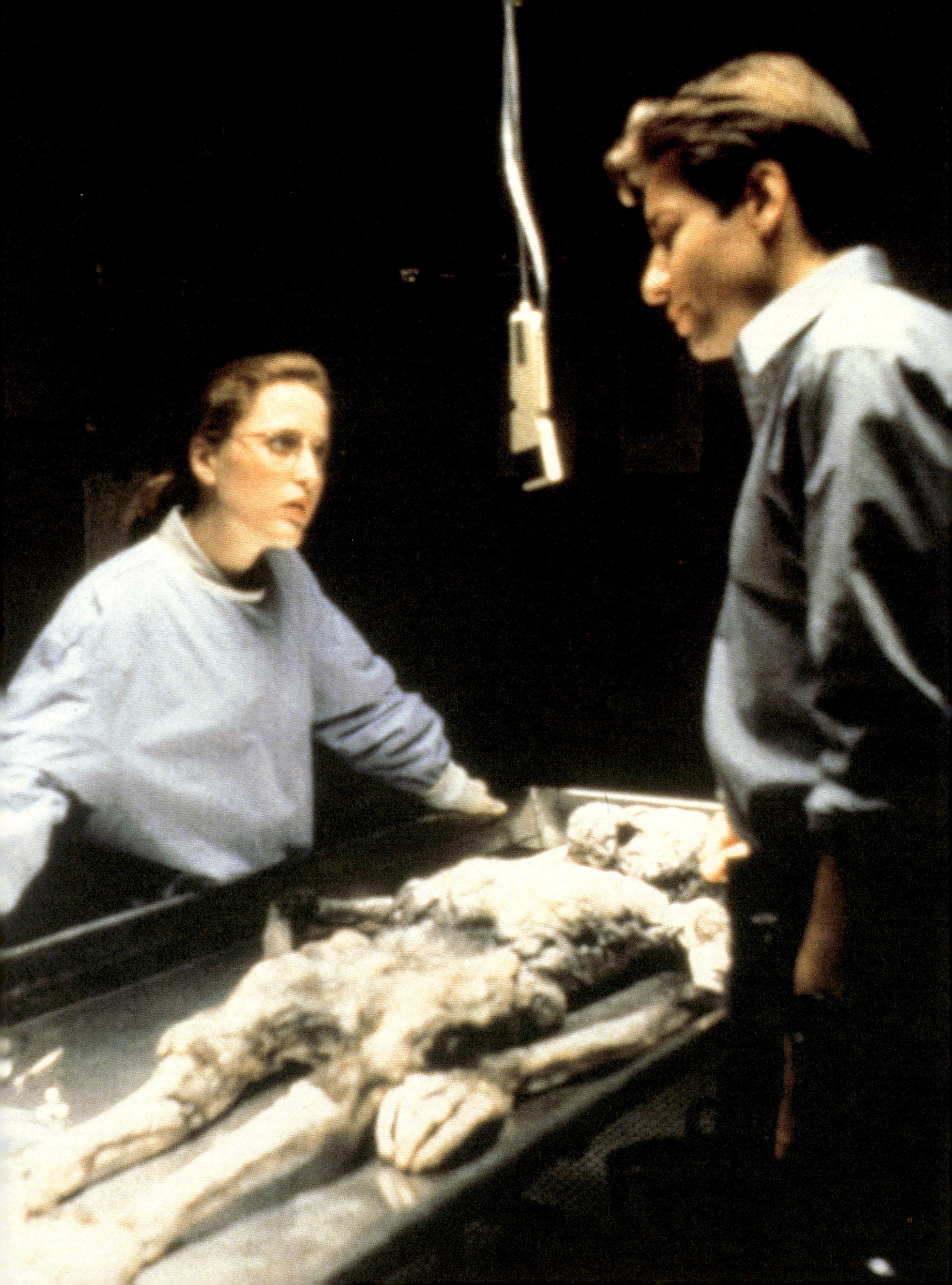

erklärte, daß er jede Form von Tratsch für unnötig und verletzend halte.

Während der Dreharbeiten für den Pilotfilm wurde schon bald deutlich, daß sich weder Duchovnys noch Andersons Einstellung zu unerklärlichen Phänomenen mit dem Standpunkt der von ihnen verkörperten Figuren deckt. Duchovny deutete an, daß es gewisse Ähnlichkeiten mit Fox Mulder gebe. So sei auch er ein emotional eher distanzierter Mensch und verfüge über einen Sinn für trockenen Humor. Doch anders als Mulder sei er im Grunde seines Wesens ein Pragmatiker und extrem skeptisch, was die Frage außerirdischer, übernatürlicher und paranormaler Kräfte anginge. Er verschließt sich nicht dem Gedanken, daß ihre Existenz möglich ist, kann aber nicht daran glauben, so lange man ihm nicht eindeutige Beweise dafür vorlegt.

In einem Interview hat Duchovny einmal scherzhaft von seiner einzigen Erfahrung mit dem Paranormalen erzählt – einem äußerst merkwürdigen Gefühl, das man gemeinhin »Liebe« nennt! Die einzige Vorstellung, die ihm wirklich Angst bereite, bestünde darin, sich Filme ansehen zu müssen, in denen er »lausig« spiele.

Ein wenig ernsthafter ist Duchovny, wenn er darüber spricht, daß seine Großmutter ihm einmal erzählte, sie habe den Geist ihres verstorbenen Bruders gesehen. Seitdem glaubt er an übernatürliche Kräfte. »Es besteht kein Zweifel daran, daß ich die Gegenwart geliebter Menschen gespürt habe, auch wenn ich sie nicht sehen konnte.«

Zum gleichen Thema fällt ihm ein, daß er 1982, während seiner Studienzeit in Princeton, ein ihm zumindest zum damaligen Zeitpunkt unbekanntes Flugobjekt gesehen habe. Daß es sich dabei um einen Beweis für die Existenz außerirdischen Lebens gehandelt habe, glaubt er allerdings nicht. Vielmehr sei zu vermuten, daß es für diese Erscheinung eine viel einfachere Erklärung gibt. »Was ich da am Himmel sah, war dreieckig und ähnelte einem modernen Tarnbomber.«

Im Gegensatz zu Duchovny haben Gillian Anderson unerklärliche Phänomene »schon immer fasziniert«, und die grundlegende Skepsis einer Dana Scully liegt ihr fern. Vielmehr hält sich die Schauspielerin für »einen der unrationalsten Menschen der Welt« und glaubt an solche New-Age-Phänomene wie übersinnliche Wahrnehmung und Psychokinese. Bereits seit Jahren sucht sie regelmäßig medial veranlagte Menschen auf und hat unter ihrem Bett das »Tibetanische Buch des Lebens und Sterbens« liegen. Während eines Urlaubs auf Hawaii hat sie die meiste Zeit damit verbracht, am Himmel nach UFOs Ausschau zu halten.

Scully läßt sich im Laufe der Handlung von *Akte X* erst nach und nach von der Existenz geheimer Regierungsaktivitäten überzeugen. Anderson dagegen war sich schon immer sicher, daß der Öffentlichkeit eine Menge wichtiger Informationen vorenthalten werden. So hegt sie auch keinen Zweifel daran, daß der Roswell-Vorfall von 1947 tatsächlich stattgefunden hat und die Aufzeichnungen der Autopsie echt sind. Abgesehen davon hält Anderson sich für nicht einmal halb so intelligent wie Scully, sieht aber doch eine grundlegende Übereinstimmung zwischen sich und ihrer Rolle: Beide seien sie »Workaholics«.

Im Pilotfilm zu *Akte X* muß Scully sich der unangenehmen Aufgabe unterziehen, die Autopsie an einem Mordopfer vorzunehmen. Alle im Produktionsteam hatten erwartet, daß Gillian Anderson Skrupel haben würde, diese Szene zu drehen, doch zu ihrer Überraschung machte es ihr nicht das geringste aus. Später gab sie in einem Interview einmal zu, daß »alles Eklige« sie eigentlich schon immer begeistert habe. So hat sie als Kind mit Vorliebe alles seziert, was ihr unter die Finger kam. Einmal legte sie einem Lehrer die Augäpfel eines toten Schweins in die Schreibtischschublade. Und zu ihren schönsten Kindheitserinnerungen gehört das Ausgraben von Regenwürmern im Garten ihrer Eltern! Als ein Reporter sie einmal fragte, ob sie sich zutraute, der Obduktion einer echten Leiche beizuwohnen, nahm sie nur ihren Mantel und antwortete, von ihr aus könne es sofort losgehen!

Im Mai 1993 fand die Premiere des *Akte X*-Pilotfilms vor den Produzenten der 20th Century Fox statt. Trotz einiger kritischer Stimmen, die vor der Aufführung laut geworden waren, nahm das versammelte Publikum, zu dem auch der Besitzer der 20th Century Fox, Rupert Murdoch zählte, den Film positiv auf und applaudierte sogar am Ende. Die Produktion der Serie, die wöchentlich ausgestrahlt werden sollte, wurde bald darauf in Auftrag gegeben.

Doch selbst zu diesem Zeitpunkt glaubten die Rechercheure der Filmgesellschaft noch nicht, daß sich mit *Akte X* hohe Einschaltquoten erzielen ließen. Ihrer Ansicht nach konnte man im besten Fall auf einen festen Zuschauerstamm hoffen, der aus berufstätigen, intelligenten jungen Leuten zwischen achtzehn und vierunddreißig bestand und die bevorzugte Zielgruppe für Werbung bildete. Da die 20th Century Fox davon ausging, daß die Serie ohnehin nicht ankommen würde, legte man den Sendetermin auf Freitag neun Uhr abends – eine Zeit, zu der ein Großteil der potentiellen Zuschauer anstatt vorm Fernseher zu sitzen, in der "realen Welt" den Beginn des Wochenendes feiert! Als Chris Carter wissen wollte, warum seine Serie einen derart unattraktiven Sendeplatz erhalten hatte, teilte ihm der Programmdirektor mit, daß *Akte X* nur davon profitieren konnte, direkt im Anschluß an *Die Abenteuer des Brisco County, Jr.* ausgestrahlt zu werden, eine

Oben: **Im Gegensatz zu Agentin Scully glaubt ihr alter ego Anderson sehr wohl an Außerirdische.**

Gegenüberliegende Seite: **Gillian Anderson wäre tatsächlich gern einmal bei einer Autopsie dabei!**

Beide Akteure bemühen sich, ihre Figuren so realistisch wie möglich darzustellen.

Oben: **Duchovny mit seinem Hund Blue**

Gegenüberliegende Seite: **Duchovnys Fanclubs tragen Namen wie *The David Duchovny Oestrogen Brigade* und *The Duchovniks . . .***

satirische Westernserie, von der sich der Sender großen Erfolg versprach. Später erfuhr Carter, daß der Programmdirektor vom Erfolg von *Die Abenteuer des Brisco County, Jr.* felsenfest überzeugt war und in Aussicht gestellt hatte, seinen Schreibtisch zu fressen, sollte Bruce Campbell, der Hauptdarsteller der Serie, nicht innerhalb kürzester Zeit zum bedeutenden Fernsehstar avancieren.

Als Duchovny und Anderson nach Vancouver fuhren, um mit der Arbeit an der ersten Staffel zu beginnen, hegte also noch kaum jemand allzu große Hoffnungen für die Serie. Für Duchovny stellte sich das Leben in Vancouver weitaus schwieriger dar, als er erwartet hatte. Schon bald begann er, seine Freunde, seine Familie und seine Freundin Perrey Reeves zu vermissen, fast alle lebten Tausende von Kilometern entfernt in Los Angeles. Perreys Anweisungen folgend hatte Duchovny elf Notizzettel an den Kühlschrank seiner neuen Wohnung geklebt. Auf zehn dieser Zettel fanden sich Ratschläge des Gurus Deepak Chopra dazu, wie man den Brunnen der Jugend erhalten kann. Auf dem elften stand lediglich: »Denk an Perrey«. Obwohl er sich einsam fühlte, beschloß Duchovny, nicht auch noch seine freie Zeit mit Gillian Anderson zu verbringen, um zu verhindern, daß sie sich auf die Nerven gingen!

Doch Duchovny plagte nicht nur das Heimweh, er mußte auch erfahren, daß die Arbeit an *Akte X* eine immense seelische und körperliche Belastung darstellte. Im Laufe der Dreharbeiten erlitt er Schnitt- und Brandwunden und zog sich eine schwere Schulterverletzung zu. Zudem fand er es unglaublich schwierig, über zehn Monate hinweg an fünf oder sechs Tagen in der Woche täglich bis zu vierzehn Stunden lang die gleiche Rolle zu spielen, ohne in unkreative Klischees zu verfallen. Er verglich seine Situation mit der eines Künstlers, der gezwungen ist, beinahe ohne Unterbrechungen ein Bild nach dem anderen zu malen. In beiden Fällen leidet unweigerlich die Qualität der Kunst.

Gillian Anderson lebte während der ersten Monate der Dreharbeiten in einer Wohnung, die sie von Steven Williams gemietet hatte, dem Hauptdarsteller aus *21 Jump Street.* Wie das Schicksal so spielt, sollte der Schauspieler einige Monate später nach Vancouver zurückkehren, um in der zweiten Staffel von *Akte X* die Rolle des undurchsichtigen Mr. X zu übernehmen.

Vor Beginn der Dreharbeiten für die Serie mußte Anderson sich von ihren langen Haaren trennen. Die Produzenten hatten nach der Premiere des Pilotfilms erklärt, daß schulterlanges Haar nicht ihrer Vorstellung von Dana Scully entsprach. Folglich verwandelte der Cheffriseur der Produktion, Malcolm Marsden, Andersons lange, aschblonde Lockenpracht in einen glatten, rotblonden Bubikopf. Offenbar war das Studio der Ansicht, daß Scully mit der neuen Frisur wesentlich professioneller aussah.

Obwohl Gillian Anderson sich nicht ganz so einsam fühlte wie Duchovny, hatte auch sie Schwierigkeiten, sich an das Leben in Vancouver zu gewöhnen. Schließlich schafften sich beide Stars einen Hund an, der ihnen Gesellschaft leisten sollte. Anderson kaufte einen großen schwarzen Hund, den sie Cleo nannte, während Duchovny eine gefleckte Bordercolliehündin unter seine Fittiche nahm, der er nach dem Bob Dylan Song »Tangled Up in Blue« den Namen Blue gab. Der Vater der Hündin hatte in einer der ersten Folgen von *Akte X*, »Eis«, mitgespielt.

Der Fernsehstart von *Akte X* ist ein Beweis dafür, daß sich eine Serie selbst unter anfänglich ungünstigen Bedingungen zum absoluten Erfolgsschlager entwickeln kann. Die erste Folge wurde am 10. September 1993 ausgestrahlt und erreichte die respektable, jedoch unspektakuläre Quote von siebeneinhalb Millionen Zuschauern. Viele Kritiker sahen in *Akte X* nichts weiter als einen humorlosen Abklatsch von *Twin Peaks. Entertainment Weekly* schrieb sogar, daß die Serie »ein echter Reinfall« sei. Eine der besten Kritiken erschien in *TV Guide*, Amerikas maßgeblicher Zeitschrift in puncto Top-Ten-Listen. Dort hieß es immerhin, die Serie sei »besser als ihr Titel vermuten läßt«!

Auch die Reaktion auf die Leistungen der Hauptdarsteller war eher durchwachsen. Einige Kritiker lobten Duchovny und Anderson für ihre wunderbar unterkühlte, zurückhaltende Art der Darstellung von Mulder und Scully, während andere ihnen vorwarfen, wie Schlafwandler durch die Serie zu taumeln. Beide Schauspieler haben in der Folge mehrfach betont, daß hinter der zurückhaltenden Spielweise durchaus Absicht stand.

»In meinen Augen kommt man nur durch untertreibendes Spielen der Realität nahe«, sagte Duchovny gegenüber *Cinescape*. »Ich bin noch nie jemandem begegnet, der sich so benimmt wie die Leute aus (der amerikanischen Super-Soap) *Melrose Place.* Ich will damit nicht die Schauspieler kritisieren, das ist eben der

Stil dieser Serie. Aber uns ging es darum, realistische Charaktere zu schaffen, und deshalb versuchen wir – ich bin sicher, daß wir es beide versuchen –, realistisch und nicht dramatisch übertrieben zu agieren. Wenn man diese Spielweise damit vergleicht, was sonst so im Fernsehen läuft, muß man sie wohl tatsächlich als unterkühlt oder untertreibend bezeichnen.«

Anderson erzählte vor Journalisten, daß Chris Carter immer von ihnen verlangt habe, Mulder und Scully so zurückhaltend wie möglich darzustellen, nur um dann zu behaupten, sie seien wohl zu erschöpft, um mehr aus ihren Rollen zu machen.

Je länger *Akte X* im Fernsehen lief, desto deutlicher wurde David Duchovny, daß der Sender nicht genug Werbung für die Serie machte, sondern sie im Vergleich zu seinen anderen Neustarts, allen voran *Die Abenteuer des Brisco County, Jr.* sogar wie ein Stiefkind behandelte. Duchovny war außer sich vor Wut, als er erfuhr, daß der Programmdirektor versprochen hatte, seinen Schreibtisch zu verspeisen, falls die Westernserie Bruce Campbell nicht innerhalb kürzester Zeit zum Superstar machen sollte. Er würde ihm den Schreibtisch eigenhändig servieren, prophezeite Duchovny, sobald *Die Abenteuer des Brisco County, Jr.* den Bach runterginge, was seiner Meinung nach innerhalb weniger Monate der Fall sein mußte.

Trotz der mangelnden Werbung wurde *Akte X* für ein bestimmtes Publikum schon bald zur Kultserie. Ähnlich wie die Fans von *Star Trek*, die als »Trekkies« oder »Trekker« bekannt wurden, bezeichneten sich die Aficionados von Akte X als »X-Philes« und schrieben Briefe an den Sender, in denen sie sich begeistert über ihre Lieblingsserie äußerten. Darüber hinaus erlangten David Duchovny und Gillian Anderson allmählich Kultstatus. Die Fans von Fox Mulders realem Alter Ego gründeten Gruppen, die Namen wie »The David Duchovny Oestrogen Brigade« und »The Duchovniks« tragen. Neben den üblichen Liebesbriefen und Bitten um Autogramme überschütteten die Fans ihr Idol auch mit Paketen voller Sonnenblumenkerne und Krawatten, bis Duchovny endlich verlautbaren ließ, daß er, im Gegensatz zu Mulder, nur höchst selten eine Krawatte trage und auch nicht immer Sonnenblumenkerne kaue! Für gewöhnlich lacht der Schauspieler nur, wenn man ihn

Im Internet tauschen die Fans Meinungen darüber aus, wie man Gillian Anderson auf der Straße am besten ansprechen könnte – falls man sie zufällig mal trifft ...

darauf anspricht, daß bei seinem Anblick die Mädchenherzen höher schlagen, und führt die Anziehung, die seine Rolle ausübt, auf »diese FBI Geschichte« zurück.

Zugleich wurden »The Gillian Anderson Testosterone Brigade«, die »Genuine Admirers Of Gillian Anderson« und der weniger einfallsreich benannte »Gillian Anderson Fan Club« gegründet, um der Schauspielerin Respekt zu erweisen, die hinter der Figur der Dana Scully steht. Im Internet diskutieren die Fans von Anderson über so verschiedene Themen wie die Farbe ihrer Augen (blau), ihre bevorzugten Frühstückszerealien (Müsli und Multi-Grain Cheerois) und die Frage, wie man eine Unterhaltung mit Gillian Anderson anfängt, wenn man ihr zufällig auf der Straße begegnet! Manchmal hat Anderson auch selbst einen Blick in die Pages ihrer Fans geworfen, dabei aber vermieden, die Kommentare der Zuschauer genau zu lesen, da sie fürchtete, sie könnten Einfluß auf ihre Darstellung der Dana Scully nehmen. Allerdings hat sie in einem Interview zugegeben, daß sie mit großem Vergnügen alles liest, was die Fans über David Duchovny schreiben, um ihn damit aufzuziehen.

Heute läßt sich zwar kaum sagen, wer von beiden mehr Fans hat, Duchovny oder Anderson, doch es besteht kein Zweifel daran, daß es anfangs vor allem Duchovny war, der im Mittelpunkt des Interesses stand. Obwohl der Schauspieler normalerweise nur sehr ungern Interviews gibt und extrem reserviert bleibt, wenn er sich schon einmal zu einem Gespräch bereit erklärt, wurde er von den Medien eindeutig als der Star der Serie betrachtet und ständig um Interviews und Fototermine gebeten.

Begreiflicherweise war Anderson zunächst einigermaßen verärgert und enttäuscht darüber, daß sie immer im Schatten ihres Kollegen zu stehen schien. Doch mit der Zeit gewöhnte sie sich daran und witzelte sogar, Duchovny sei der berühmteste Mensch, den sie kenne. »Zuerst war ich sauer und dachte, ›das ist unsere Serie, nicht nur seine‹«, sagte sie später in *Entertainment Weekly*. »Aber ich habe gelernt, mir nicht so viel daraus zu machen.«

Während Duchovny also im Rampenlicht der Medien stand, begann Anderson, ohne daß jemand etwas davon merkte, mit Clyde Klotz auszugehen, einem Art Director von *Akte X*, der seit dem Produktionsbeginn der ersten Staffel zum Team gehörte. Anderson machte den »Eröffnungszug«, als sie Klotz zu einem Sushi-Essen in ihren Wohnwagen einlud. Zwischen den beiden funkte es sofort. »Wir hatten das Gefühl, als ob wir uns schon eine Ewigkeit kannten und uns jetzt endlich persönlich begegneten«, erklärte die Schauspielerin der Zeitschrift *People*.

Während der Weihnachtspause fuhr das Paar nach Hawaii, und am 1. Januar 1994 beschlossen sie ganz spontan zu heiraten. »Nur wir zwei und ein buddhistischer Priester am 17. Loch dieses Golfplatzes auf Hawaii«, verriet Anderson später, »weil das der schönste Ort war, den wir auf die Schnelle finden konnten.« Zu diesem Zeitpunkt kannten sie sich erst vier Monate.

Als sie nach dem Urlaub in ein gemeinsames Haus zogen, hatte Anderson jedesmal, wenn sie durch die Zimmer ging, das eigenartige Gefühl, als ob ihr jemand buchstäblich auf dem Rücken hockte. Sie sprach mit ihrem Mann und einigen Kollegen darüber, und einer von ihnen schlug in echter Akte-X-Manier vor, sie solle einen Indianer bitten, das Haus vom Spuk der Vergangenheit zu »reinigen«. Sobald dies geschehen war, verschwand die eigenartige Empfindung, und Anderson begann, sich in dem Haus wohl zu fühlen.

Als sich die Dreharbeiten für die erste Staffel von *Akte X* dem Ende zuneigten, konnte niemand, nicht einmal ein enthusiastischer »X-Phile« mehr leugnen, daß die Einschaltquoten katastrophal waren. *Akte X* belegte den 113. Platz von 132 Serien, die in den USA zur besten Sendezeit ausgestrahlt wurden. Unter normalen Umständen bedeutete ein solches Ergebnis die Einstellung der Serie.

Als dann auch noch bekannt wurde, daß die 20th Century Fox die so hoch favorisierte Westernserie *Die Abenteuer des Brisco County, Jr.* abgesetzt hatte, schien es noch unwahrscheinlicher, daß die X-Akten noch einmal geöffnet werden würden. Doch nach sorgfältiger Analyse der Meinungsumfragen und der Verkaufserfolge an ausländische Sender, beschloß 20th Century Fox, sich auf einen Sprung ins kalte Wasser einzulassen, und gab eine zweite Staffel der Serie in Auftrag. Und das sollte nur die erste Überraschung sein, die das Schicksal für das Ensemble und die Crew von *Akte X* bereithielt.

Oben: **Anderson mit ihrem Ehemann Clyde Klotz, den sie am Set von *Akte X* kennenlernte; die beiden heirateten am Neujahrstag 1994.**

Gegenüberliegende Seite: **Andersons Fanclubs heißen zum Beispiel *The Gillian Anderson Testoterone Brigade* oder *Genuine Admirers of Gillian Anderson.***

5/X wie Erfolg

Die Schwangerschaft von Gillian Anderson stellte die Macher der Serie vor ein gewaltiges Problem.

Kurz vor dem Start der zweiten Staffel wurde eine Pressekonferenz abgehalten, auf der David Duchovny zum ersten Mal hörte, daß die Abteilung für Öffentlichkeitsarbeit der 20th Century Fox *Akte X* eine »Kultserie« nannte. Unwillkürlich mußte er lachen. Den anwesenden Journalisten erklärte er seine unerwartete Heiterkeit damit, daß es zur Definition einer Kultserie gehört, daß niemand sie sich ansieht! Zu diesem Zeitpunkt konnte er noch nicht wissen, daß *Akte X* drauf und dran war, die Grenzen zwischen Kult und Massengeschmack aufzuheben und von einer bis dahin nur Insidern bekannten Serie zu einem vom breiten Publikum geliebten Fernseherlebnis zu avancieren.

Bei Beginn der Dreharbeiten zur zweiten Staffel mußten sich Ensemble und Produktionsteam mit einem Umstand arrangieren, von dem die wenigsten bis dahin etwas gewußt hatten, der aber weitreichende Folgen für die Fortsetzung der Serie haben sollte: Gillian Anderson war schwanger. Der Geburtstermin sollte am 13. September 1994 sein, lag also mitten in den Dreharbeiten.

Es war eine Neuigkeit, die für alle überraschend kam, selbst für Gillian Anderson. Allerdings war die Schauspielerin bereits im Winter 1993 in etwas ungewöhnlicher Weise vorgewarnt worden. Auf einer Publicity-Veranstaltung für *Akte X*, die 20th Century Fox in Burbank, Kalifornien, organisiert hatte, war Anderson während einer Pause zu Debi Becker, einem Medium, gegangen, die ihr prophezeit hatte: »Sie werden ein kleines Mädchen bekommen«. Damals hatte Anderson das noch für unmöglich gehalten, weil ihre Mitarbeit bei *Akte X* sie so in Anspruch nahm, daß sie nicht einmal Zeit hatte, über ein Baby auch nur nachzudenken. Doch ihre Einstellung änderte sich radikal, als sie Anfang Februar, kurz nach ihrer Blitzheirat mit Clyde Klotz, von ihrer Schwangerschaft erfuhr.

David Duchovny erhielt als erster von Andersons Kollegen davon Kenntnis. Als sie ihm gegen Ende der Dreharbeiten zur ersten Staffel die Neuigkeit mitteilte, war das einzige, was er wissen wollte, ob sie glücklich sei. Sie bejahte seine Frage, und er gratulierte ihr und versprach, niemandem etwas von der Schwangerschaft zu verraten.

Nachdem sie so lange wie nur irgend möglich gewartet hatte, rang sich Anderson schließlich doch dazu durch, die Produzenten darüber zu informieren, in welchem Zustand sie sich befand. Noch während des Gesprächs wurde ihr klar, daß sie Gefahr lief, ihre Rolle zu verlieren.

»An diesem Punkt war ich zu allem bereit. Ich hatte eine wahnsinnig wichtige Entscheidung zu treffen, eine Entscheidung, die mein Leben anging und nicht das der Produzenten. Selbstverständlich wäre es traurig gewesen, gefeuert zu werden. Doch ich dachte mir, wenn ihre Entscheidung so aussieht und ich dadurch mehr Zeit für mein Kind habe, hat das auch seine guten Seiten.«

Die Drehbuchautoren von *Akte X* standen vor einem Dilemma: Wie sollten sie erklären, daß ein Single wie Dana Scully ein Kind erwartete? Während sie noch nach einer plausiblen Antwort suchten, erfuhren die Studiobosse von 20th Century Fox die Neuigkeit und legten den Produzenten nahe, die Rolle der Dana Scully entweder umzubesetzen oder Scully aus der Serie zu streichen und durch eine andere weibliche Agentin zu ersetzen. Nach allem, was man hörte, waren sie außerordentlich erbost darüber, daß Anderson ihr Privatleben favorisierte und dadurch die Serie gefährdete. Ihrer Ansicht nach war es auch auf lange Sicht das Beste, sie fallen zu lassen.

Folglich fand Chris Carter, Dramaturg und Produzent der Serie, sich einmal mehr auf verlorenem Posten, als er sich dafür einsetzte, Anderson zu halten. Carter wollte um keinen Preis die Beziehung preisgeben, die er in den vergangenen Folgen zwischen Mulder und Scully aufgebaut hatte. Qualität und Popularität der Serie mußten zwangsläufig darunter leiden, wenn eine der beiden Hauptfiguren einfach gestrichen wurde.

Oben: **Nach langem Hin und Her entschieden sich die Produzenten schließlich doch dagegen, Anderson aus der Serie zu streichen.**

Gegenüberliegende Seite: **Fast wäre das überaus populäre Duo Mulder/Scully auseinandergerissen worden …**

»Seit Pipers Geburt bin ich positiver, offener und liebevoller anderen gegenüber.«

Bereits zehn Tage nach der Geburt ihrer Tochter war Anderson wieder am Set.

Nachdem schließlich alle Möglichkeiten durchgespielt worden waren, fand man zu einem Kompromiß.

Andersons Schwangerschaft sollte keinen Eingang in die Serie finden. Statt dessen wollte man die für die X-Akten zuständige Abteilung des FBI, die gegen Ende der ersten Staffel bereits vorläufig aufgelöst worden war, auch in der zweiten Staffel nicht wieder einrichten, um Mulder und Scully beruflich voneinander zu trennen. Während Mulder seine Untersuchungen mit gewohnter Energie fortsetzt, koordiniert Scully das Vorgehen oft von ihrem Büro aus und gibt Mulder ab und zu über Telefon Ratschläge und Hinweise. So war gewährleistet, daß Anderson selbst während der Schwangerschaft noch ihre Rolle spielen konnte. Um die Bedingungen für sie angenehmer zu gestalten, wurde der Drehplan auf ihre Bedürfnisse zugeschnitten. Für gewöhnlich mußte sie nur an drei von acht Tagen am Set sein und konnte sich dann einige Zeit frei nehmen.

Um die Tatsache zu verbergen, daß Anderson während der Schwangerschaft etwa dreiundzwanzig Kilogramm zunahm, hatte Dana Scully eine plötzliche Vorliebe für weite, bequeme Kleidung zu entwickeln, die mit jeder Episode sackartiger aussah. Außerdem bemühte man sich, möglichst nur noch Porträtaufnahmen von ihr zu machen, und für Szenen, in denen sie in voller Körpergröße zu sehen ist, wurde ein Double engagiert.

Dank der hervorragenden Arbeit, die Drehbuchautoren, Kamerateam und Kostümdesigner leisteten, blieb Andersons Schwangerschaft tatsächlich verborgen. Wer nichts von ihrem Zustand wußte, hegte wahrscheinlich auch nicht den leisesten Verdacht. Nur dem scharfen Adlerauge echter »X-Philes« entging nicht, daß sie sich in der Folge »Der Parasit« beinahe verriet. Es ist die Szene, in der sich Scully mit Mulder in einem Park trifft. In dem Moment, in dem sie sich zu ihm auf eine Bank setzt, ist ihr Zustand nicht mehr zu übersehen.

Am 23. September verließ Anderson die Serie vorübergehend, um ihren Mutterschaftsurlaub anzutreten. Um ihre Abwesenheit zu erklären, wird Dana Scully in der Folge »Unter Kontrolle« von einer unbekannten Macht entführt. Während man anfangs noch den Eindruck hat, als sei die Entführung das Werk Außerirdischer, wurden in den weiteren Folgen die Umstände von Scullys Verschwinden immer undurchsichtiger und so Teil des *Akte X*-Mythos. Sobald die Dreharbeiten zu »Unter Kontrolle« abgeschlossen waren, nahm Anderson ein paar kurze Traumsequenzen für die nächste Folge ("Seilbahn zu den Sternen") auf, in der Mulder nach seiner verschwundenen Partnerin sucht. Für die Szene, in der Außerirdische Experimente an Scully vornehmen, ließ Anderson sogar ihren nackten Bauch filmen!

Zwei Tage nach Antritt ihres Mutterschaftsurlaubs brachte die Schauspielerin per Kaiserschnitt ein Mädchen zur Welt, Piper Maru Anderson. Das Kind wog bei der Geburt 3900 Gramm. Mutter und Tochter wurden mit Geschenken überschüttet, die treue »X-Philes« ins Krankenhaus, nach Hause und in das Produktionsbüro am Set von *Akte X* schickten. Gillian war überwältigt von der Flut der Geschenke, Blumen und Glückwünsche und versuchte mit Hilfe ihres Assistenten, sich möglichst bei allen Fans schriftlich zu bedanken. Als Dank dafür, daß Chris Charter sie die ganze Zeit über immer wieder unterstützt hatte, bat Anderson ihn, bei der Taufe ihrer Tochter Pate zu stehen. Er nahm dieses Angebot gerne an und gab sogar später einer Folge von *Akte X* den Titel »Piper Maru«.

Für Gillian Anderson war die Geburt ihrer Tochter ein Ereignis, das ihr Leben veränderte. »Seitdem ich Piper habe, bin ich viel positiver, offener und liebevoller anderen gegenüber. Ich glaube, ich bin ein besserer Mensch geworden.«

Nach sechs Tagen wurde Anderson aus dem Krankenhaus entlassen und kehrte nach Hause zurück, um sich zu erholen. Zum ersten Mal in ihrem Leben saß sie stundenlang vor dem Fernseher. Unter anderem erlebte sie auch ihre ganz persönliche Premiere der erfolgreichsten Kultserie aller Zeiten, *Star Trek*, von der sie noch nie auch nur eine Folge gesehen hatte. Ihr Urteil lautete: »Unglaublich phantastisch!«

Zwei Folgen lang blieb es also David Duchovny allein überlassen, die unheimlichen Fälle des FBI zu untersuchen. Anderson hatte zwar eine kurze Szene in der Folge »Seilban zu den Sternen«, aber im Grunde genommen gehörte Duchovny »die Bühne« ganz allein. Er nutzte die Gelegenheit, um einige der anspruchsvollsten Stuntszenen der Serie zu drehen, darunter auch eine Verfolgungsjagd in einer Seilbahn, die eines James Bond würdig ist.

Die nächste Folge, die den Titel »Drei« trägt, ist die einzige der gesamten Serie, in der Dana Scully nicht auftritt. Auf Wunsch der Verantwortlichen der 20th Century Fox wurde statt dessen eine andere weibliche Figur eingeführt, um auszuprobieren, ob die Serie auch ohne das berühmte Paar Mulder/Scully auskommen konnte.

Die weibliche Gastrolle in »Drei« übernahm Duchovnys Freundin, Perrey Reeves, die als Mitglied

»Wäre Gillian nicht schwanger geworden, wären wir wohl kaum gezwungen gewesen, derart kreativ zu arbeiten.«

Oben und gegenüberliegende Seite: **Da die Schwangerschaft Andersons nicht in die Serie eingebaut wurde, mußte Duchovny als Mulder viele Fälle fast alleine lösen.**

Unten: **Die überraschende Auszeichnung von *Akte X* bei der Verleihung der Golden Globe Awards 1995 als »beste dramatische Serie« hatte einen neuerlichen Anstieg der Einschaltquoten zur Folge.**

einer okkulten Sekte zur Hauptverdächtigen in einer Serie von Vampirmorden wird. Mit dieser Frau läßt sich Mulder auf eine kurze Affäre ein.

Es war ein Glück für Anderson, daß »Drei« nicht zu den erfolgreichsten Folgen der Serie zählte. Die meisten Zuschauer klagten, sie vermißten Dana Scully, während Duchovny selbst äußerte, daß es der Geschichte an Logik fehlte. Er fand es unglaubwürdig, daß sich der ansonsten keusche Mulder ausgerechnet mit einer Frau einläßt, die im Verdacht steht, eine blutsaugende Mörderin zu sein!

Sie mußten nicht lange warten, die »X-Philes«, die die Rückkehr von Gillian Anderson verlangten. Bereits zehn Tage nach der Geburt hatte die Schauspielerin wieder vor der Kamera zu erscheinen, um die Folge »An der Grenze« zu drehen, in der Scully mysteriöserweise in einem Krankenhaus in Washington aufgefunden wird, wo sie allmählich aus dem Koma erwacht. Obwohl Scully fast die ganze Zeit in ihrem Krankenhausbett liegt, hatte Anderson einige Schwierigkeiten, sich so rasch wieder auf ihre Arbeit einzustellen. Sie fühlte sich »erschöpft, verletzlich, deprimiert und abgenervt« und schlief während einer der Koma-Szenen sogar ein.

In der folgenden Episode, »Der Vulkan«, wurde der Schauspielerin sogar noch mehr abverlangt. Wie die meisten Folgen der Serie beinhaltet auch »Der Vulkan«, daß Mulder und Scully oft laufen oder springen müssen. »Das war körperlich sehr anstrengend, und emotional natürlich auch – ich habe heimlich eine Menge Tränen vergossen«, sagte Anderson in einem Interview mit dem kanadischen Woman Magazine. »Es war furchtbar. Oft hätte ich am liebsten einfach alles hingeschmissen und wäre nach Hause zu meinem Kind gegangen. Aber dann hätte ich einen Prozeß wegen Vertragsbruchs am Hals gehabt.«

Langsam aber sicher kam Anderson wieder zu Kräften und fand sich erneut mit den Anstrengungen und Herausforderungen ab, die die Dreharbeiten von *Akte X* mit sich brachten. Doch gerade, als sie sich vollkommen erholt hatte, erfuhr sie zu ihrem Entsetzen, daß sie für die Folge »Der Zirkus« eine lebende Grille in den Mund nehmen sollte. Als die Szene schließlich gefilmt wurde, versuchte Anderson möglichst nicht darüber nachzudenken, um das Ganze nur so schnell wie möglich hinter sich zu bringen. Einige Boulevardblätter berichteten daraufhin, sie hätte das Tier hinuntergeschluckt, doch Anderson beeilte sich, die Sache richtigzustellen: »Ich habe die Grille nicht einmal geschmeckt. Sie zappelte in meinem Mund herum, und dann habe ich sie ausgespuckt.«

Die erste Folge der zweiten Staffel wurde am 16. September 1994 ausgestrahlt. Zu diesem Zeitpunkt hatte die Öffentlichkeit bereits Kenntnis davon erhalten, daß die Hauptdarstellerin schwanger war. Die »X-Philes« stellten Spekulationen darüber an, wie ihr Zustand in der Serie motiviert werden würde, und es kursierten Gerüchte, Scully werde entführt und von Außerirdischen geschwängert. Obgleich all das natürlich nur vage Vermutungen waren, wurde dadurch das Interesse an der Serie geschürt, so daß sich allein in den USA beinahe zehn Millionen Zuschauer die erste Folge ansahen.

Die Mitglieder des Ensembles und des Produktionsteams von *Akte X* waren mehrheitlich sogar der Ansicht, daß Andersons Schwangerschaft die Serie auch in künstlerischer Hinsicht positiv beeinflußt hatte. Duchovny sagte gegenüber dem Sci-Fi Universe Magazine: »Wäre Gillian nicht schwanger geworden, wären wir wohl kaum gezwungen gewesen, derart kreativ zu arbeiten.«

Erste Anzeichen dafür, daß *Akte X* allmählich zur Mainstream-Serie aufstieg und ein Massenpublikum fand, zeigten sich, als die Hauptdarsteller in die FBI-Zentrale nach Washington eingeladen wurden. Während man sie durch das Gebäude führte, wurde Duchovny und Anderson bewußt, daß sie dort eine Menge Fans hatten. Doch trotz ihrer Popularität wichen ihnen die FBI-Agenten nicht eine Sekunde von der Seite (selbst im Waschraum nicht!). Überdies machte man ihnen unmißverständlich klar, daß es so etwas wie »echte« X-Akten beim FBI nicht gibt.

Doch der eigentliche Durchbruch der Serie fand zu Beginn des Jahres 1995 statt, als *Akte X* den renommierten Golden Globe Award in der Kategorie »beste dramatische Serie« erhielt und damit Serien wie *Emergency Room* und *NYPD Blue* hinter sich ließ. Chris Carter, Gillian Anderson und David Duchovny nahmen den Preis entgegen. Keiner von ihnen hatte mit dieser Ehrung gerechnet. Sie waren sogar so überrascht, daß sie die Ankündigung, ihre Serie habe gewonnen, für einen Irrtum hielten und zunächst nicht einmal von ihrem Tisch aufstanden, um sich den Preis abzuholen!

Dies sollte nicht die einzige Überraschung bleiben, die die Verleihung des Golden Globe Award für das Team von *Akte X* bereithielt. Gleich zu Beginn des Abends kam der gefeierte amerikanische Sänger Tony Bennett auf Carter und Duchovny zu, um ihnen zu

sagen, wie sehr ihm die Serie gefiel. Einige Stunden später sprach Anderson den Kult-Filmemacher Quentin Tarantino an. Sie hatte erwartet, daß er wußte, wen er vor sich hatte und vielleicht sogar selbst zu den »X-Philes« zählte. Doch sie hatte sich getäuscht. »Er war sehr nett zu mir, hatte aber nicht die geringste Ahnung, wer ich war«, erzählt die Schauspielerin lachend.

Die Bekanntheit von *Akte X* wurde durch die Verleihung weiterer Preise noch gesteigert, darunter der Saturn Award, ein Preis der Organisation Parent's Choice und der Environmental Media Award. Bei der Verleihung der einflußreichen Viewers For Quality Television (VQT) Awards wurde die Serie in der Kategorie »beste dramatische Serie« nominiert, Duchovny und Anderson für ihre schauspielerischen Leistungen.

Im Frühjahr 1995 äußerten sich die beiden Hauptdarsteller der Serie zu den Gründen für den wachsenden Erfolg von *Akte X*. Duchovny vermutete, daß der Reiz der Serie in ihrer Spiritualität und den durchaus plausiblen Verschwörungstheorien liege. Seine Schlußfolgerung lautete, daß *Akte X* entweder »genau dem entspricht, was die Leute sehen wollen«, oder aber »20th Century Fox über eine erstaunlich gute Marketing-Abteilung verfügt«.

Anderson war der Ansicht, daß sich die »X-Philes« jede Woche zuschalteten, weil sie das Vergnügen der Flucht genossen. »Die Serie ist so erfolgreich, weil sie den Menschen erlaubt, zumindest für eine Zeitlang in eine andere Welt zu flüchten, in eine andere, weit entfernte Realität.«

Ein weiterer Aspekt, der die Phantasie der Zuschauer beschäftigt, ist die Beziehung zwischen Fox Mulder und Dana Scully. Obwohl Chris Carter in den frühen Folgen Hinweise auf eine Liebesbeziehung zwischen den beiden FBI-Agenten bewußt vermieden hatte, akzeptierte er, daß das Verhältnis der beiden mit der Zeit eine permanente Spannung des »Tun sie's oder tun sie's nicht« gewann, die nach Art von *Das Model und der Schnüffler, Mit Schirm, Charme und Melone* oder *Remington Steele* nicht aufgelöst wird. Folglich wurden die beiden Hauptdarsteller immer wieder gefragt, ob Scully und Mulder in einer der zukünftigen Folgen nun ein Paar werden oder nicht.

Duchovny schätzt unter anderem an der Serie, daß er hier einmal nicht eine »sexuell ausgerichtete« Figur zu spielen hat. Nachdem er zahllose Liebhaber, Wüstlinge und einen FBI-Agenten in Frauenkleidern dargestellt hatte, gefällt dem Schauspieler die Vorstellung, daß Mulder sich einzig der Mission verschrieben hat, »die Wahrheit« herauszufinden. Daher kann Duchovny auch gut damit leben, daß Mulder sich nicht auf romantische Affären einläßt. Er bleibt dabei, daß *Akte X* nicht von Mulders und Scullys Privatleben handeln

Kaum zwei Jahre nach dem Start der Serie waren Anderson und Duchovny auch außerhalb der USA bekannt.

sollte, und ist davon überzeugt, daß die Qualität der Serie darunter leiden würde, sollten in Zukunft Änderungen in dieser Hinsicht vorgenommen werden.

Anderson ihrerseits erklärt, daß sie und Duchovny versuchen, das Gefühl der Anziehung, das beide Figuren füreinander empfinden, so deutlich wie möglich zu machen. »Wenn wir zusammen vor der Kamera stehen, ist es da.« Dennoch stimmt sie mit Duchovny darin überein, daß eine Affäre zwischen den beiden der Serie nur schaden würde, und glaubt, daß »Mulder und Scully wahre Leidenschaft nur für ihre Arbeit entwickeln«.

Gegen Ende der Dreharbeiten für die zweite Staffel faßte Duchovny den Entschluß, sich in Zukunft aktiv an der Entwicklung und Entstehung der Drehbücher zu beteiligen, so wie es der Schauspieler und Dramatiker Sam Shepard tut, den Duchovny seit vielen Jahren bewundert. Tatsächlich hatte er bereits in den vergangenen Folgen einen gewissen Einfluß auf die Drehbücher (Anderson behauptete einmal, er gehe »das Skript wie ein Lehrer durch«). Zudem entwickelte er auf der Grundlage eines im New Yorker erschienenen Artikels über Francos Politik der »rassischen Reinheit« die Idee zu einer Episode von *Akte X*. Duchovny sprach mit Chris Carter über seinen Entwurf zu einer Geschichte über Züchtung beziehungsweise das Klonen von Menschen durch Außerirdische. Carter half ihm, daraus ein breit angelegtes Abenteuer in zwei Folgen – »Die Kolonie« – zu machen, und schrieb schließlich auch die Drehbücher für diese Episode, da Duchovny erklärte, er habe aufgrund der Dreharbeiten bedauerlicherweise nicht die Zeit dafür.

Die zwei Teile von »Die Kolonie« sollten die beiden erfolgreichsten Folgen der gesamten Staffel werden. Ermutigt durch diese Bestätigung des Publikums, steuerte Duchovny noch eine weitere Idee zu einem Drehbuch bei. Chris Carter machte daraus die atemberaubend spannende letzte Folge der zweiten Staffel, »Anasazi«, in der Mulder in den Besitz einer Computerdiskette gerät, die »die Wahrheit« enthält.

Abgesehen davon, daß Duchovny damit zum zweiten Mal das Terrain eines Drehbuchautors für *Akte X* betrat, gab er mit »Anasazi« auch sein Debüt als Stuntkoordinator. Während das Ensemble auf die Choreographie des regulären Stuntkoordinators der Serie für eine Kampfszene zwischen Mulder und dem undurchsichtigen FBI-Agenten Krycek (Nicholas Lea) wartete, wurde den Schauspielern die Zeit zu lang, und sie beschlossen, den Kampf selbst auszuarbeiten. Dabei verzichteten sie bewußt darauf, dem Muster des »typischen Fernsehgerangels« zu folgen, sondern zeigten statt dessen einen »schmutzigen und harten« Kampf auf Leben und Tod.

Nach Abschluß der zweiten Staffel konnte kaum noch jemand leugnen, daß *Akte X* nicht nur ein kommerzieller Erfolg war, sondern auch das Lob der Kritiker fand. Allein in den USA hatte die Serie Woche für Woche mehr als zehn Millionen Zuschauer, was angesichts der ungünstigen Sendezeit beinahe einem Wunder gleichkam. Die 20th Century Fox beschloß die Produktion weiterer Folgen, während andere Projekte (die Science-Fiction-Serien *M.A.N.T.I.S.* und *VR. 5*) abgesetzt wurden.

Die Namen David Duchovny und Gillian Anderson kannte inzwischen jeder. Obwohl Duchovny bereits zu den populäreren Schauspielern gehört hatte, bevor er in *Akte X* mitwirkte, traf ihn sein internationaler Starruhm

Kryptische Zeichen stellen Mulder und Scully vor eines ihrer »alltäglichen« Probleme.

dennoch unvorbereitet. Schon nach wenigen Monaten gelangte er zu dem Schluß, daß berühmt zu sein »keinen Spaß« machte. Er war es leid, daß ihm die Leute auf der Straße »Hi, Mulder!« hinterherriefen. Schließlich begann er, darauf zu reagieren, und sagte jedesmal: »Ich heiße David, okay?« Duchovny zöge es eigentlich vor, seine Bekanntheit durch etwas anderes erlangt zu haben – zum Beispiel durch die Entdeckung eines Mittels gegen eine unheilbare Krankheit oder als Autor eines großartigen Romans. Dennoch akzeptiert er, daß »das Berühmtsein nun einmal dazugehört« und versucht, sich den »X-Philes« gegenüber nett und höflich zu verhalten, vorausgesetzt sie dringen nicht in seine Privatsphäre ein – oder nennen ihn Mulder!

Zu allem Überfluß mußte Duchovny nicht nur mit seiner neu gewonnenen Berühmtheit fertig werden, sondern auch damit, daß seine dreijährige Beziehung zu Perrey Reeves zerbrach. Er glaubt, daß sie beide nicht damit fertig werden konnten, zehn Monate ihm Jahr fast tausend Meilen voneinander entfernt zu leben. »Ich nehme an, man kann unsere Beziehung auf die Minusseite von *Akte X* setzen.«

Anders als Duchovny war Gillian Anderson vor ihrer Mitarbeit bei *Akte X* mehr oder weniger vollkommen unbekannt. Zunächst war es ihr beinahe peinlich, plötzlich berühmt zu sein. »Es ist seltsam, wenn man seinen Namen hört, sich umdreht, weil man einen Bekannten erwartet und dann vor einem Fremden steht. Aber

Oben: **Nach Abschluß der zweiten Staffel ging Anderson auf Publicity-Tour nach Europa.**

Gegenüberliegende Seite: **Als die zweite Staffel produziert wurde, entwickelte David Duchovny eigene Ideen zu einzelnen Folgen und arbeitete auch an den Drehbüchern mit. Gleichzeitig bemühte er sich, sich durch Auftritte in Saturday Night Live und der Larry Sanders Show von einer totalen Festlegung auf seine Rolle als Mulder zu befreien.**

zugleich fühle ich mich natürlich auch geschmeichelt, und die Leute sind so begeistert von der Serie.«

Mit der Zeit lernte die Schauspielerin damit umzugehen, daß sie eine Berühmtheit ist. Dazu gehört auch die Erfahrung, daß es fast unmöglich ist, einmal mit ihrem Mann und ihrer Tochter allein zu sein. Deshalb stimmte sie nach Abschluß der Dreharbeiten für die zweite Staffel zu, an einer Publicity-Tour durch Europa teilzunehmen, wo sie dann die Anonymität genoß, die ihr und ihrer Familie in den Straßen Londons, Mailands oder Paris garantiert war.

Während Anderson Europa erkundete, gab Duchovny zwei Vorstellungen, mit denen er das Bild des verhaltenen, kultivierten FBI-Agenten, das die Öffentlichkeit von ihm hatte, Lügen strafte. Die erste hatte er in der überaus populären amerikanischen Comedy-Show Saturday Night Live. Duchovny war es gelungen, die Produzenten der Show davon zu überzeugen, daß er durchaus in der Lage war, eine Folge der Show zu moderieren, und obwohl er vor der Aufzeichnung schreckliches Lampenfieber hatte, machte ihm der Auftritt »riesigen Spaß«. Zu Beginn der Show kam er in Frauenkleidern auf die Bühne, als Hommage an die Rolle des Dennis/Denise Bryson in *Twin Peaks*, dann verwandelte er sich in Batmans Assistenten Robin, bevor er schließlich als er selbst auftrat. Ursprünglich hatte er vorgehabt, Rod Stewart, den Gaststar der Sendung, zu imitieren. Doch buchstäblich in letzter Minute legten die Produzenten ihr Veto ein, weil sie fürchteten, Stewart könne empfindlich darauf reagieren. Nichtsdestotrotz war Duchovnys Ausflug zu Saturday Night Live ein riesiger Erfolg und der Schauspieler mächtig stolz auf sich.

Ebenso viel Genugtuung empfand er wegen seines Auftritts als Gaststar in seiner Lieblingsserie, The Larry Sanders Show, einer gekonnten Talkshow-Parodie. Als er mit den Produzenten über die Möglichkeit eines Auftritts sprach, stellte Duchovnys nur eine Bedingung – er wollte sich wie ein »durchgeknallter Idiot« benehmen dürfen und zu Mr. Sanders, dem Gastgeber der Show (gespielt von Garry Shandling), richtig beleidigende Sachen sagen. Als Shandling von Duchovnys Forderung hörte, riet er ihm, sich nicht zu unsympathisch zu geben, weil das seinem Image schaden könnte. Doch Duchovny versicherte ihm, es sei ihm vollkommen gleichgültig, was die Leute von ihm dachten. Vielmehr wollte er endlich zeigen, daß er mehr konnte, als die Zuschauer von ihm in *Akte X* sahen. Shandling gab schließlich nach, und Duchovny benahm sich so unhöflich und beleidigend wie der verwöhnteste Hollywoodstar!

Nach monatelangem Zögern willigte Duchovny schließlich ein, das erste Mal in seinem Leben an einem Internet-Forum der *Akte X*-Fans teilzunehmen. Der Schauspieler chattete mit etwa einhundert »X-Philes«, fand diese Erfahrung aber ziemlich enttäuschend. Er machte ihm Spaß, die Fragen der Fans zu beantworten, doch die meiste Zeit verbrachte er damit, etwa einhundert Mal »Hallo« und »Auf Wiedersehen« zu tippen, was ihm begreiflicherweise recht sinnlos vorkam. Deshalb amüsierte es ihn um so mehr, als er später hörte, daß einer der Fans, die am Forum teilgenommen hatten, seinem *Akte X*-Board die Information hinzufügte: »David Duchovny sagt gerne und oft ›Hallo‹ und ›Auf Wiedersehen‹!« Danach hat sich Duchovny immer wieder im Internet über die weltweiten Foren informiert, die sich *Akte X* widmen. Er war überrascht, mit welcher Liebe zum Detail die Fans die Serie diskutieren. So las er zum Beispiel eine Nachricht, in der kritisiert wurde, daß Scully in Mulders Wagen springen und losfahren konnte, ohne vorher den Sitz und die Spiegel zu verstellen!

Ähnlich überrascht war der Schauspieler über die Tatsache, daß der Auftritt in einer knappen, roten Badehose, den er in einer Folge der Serie gehabt hatte, im Internet auf lebhaftes Interesse stieß. Duchovny nahm es von der humorvollen Seite und teilte den Fans mit, er werde die Badehose entweder versteigern lassen oder dem Smithsonian Institute zur Verfügung stellen, wo sie neben anderen Memorabilien des Fernsehens ausgestellt werden könnte.

Sein Status als gefeierter Star brachte Duchovny auch eine Einladung zu der glamourösen Premiere von *Batman Forever* ein. Als er sie erhielt, war David froh, auf diese Weise umsonst in den Film zu kommen und daher nicht im geringsten auf den Medienrummel vorbereitet, der ihn am Abend der Premiere erwartete. Er sah sich einer Front von Reportern gegenüber, die ihn mit ihren Fragen bombardierten und so unsinnige Dinge wissen wollten wie: »Freuen sie sich auf den Film?«, »Wer hat Ihren Anzug gemacht?« und »Was würden Sie tun, um Clinton bei der Durchsetzung seiner Gesundheitspolitik zu unterstützen?«

Dieses Erlebnis machte Duchovny klar, daß er vermutlich als zahlender Normalbürger mehr Spaß an kulturellen Ereignissen hatte denn als nichtzahlender Prominenter. So wurde er zum Beispiel im Publikum eines Rolling-Stones-Konzerts gesehen, das er vor allem wegen Keith Richards, seinem Lieblingsmusiker, besuchte.

Auch Gillian Anderson hat die Anonymität inzwischen schätzen gelernt. Auf einem Konzert von Quintron kam ein junger Mann, der ganz in ihrer Nähe stand, auf sie zu und sagte, sie sehe »der Frau aus *Akte X* verdammt ähnlich«. Die Schauspielerin bedankte sich höflich für das Kompliment.

6/Die begehrtesten Stars der USA

1996 brachte den endgültigen Durchbruch für *Akte X* – aus der Kultserie war ein Fernsehphänomen geworden.

Oben: **David Duchovny trifft einen prominenten *Akte X*-Fan: Henry Winkler, den Star aus *Happy Days*.**

Unten: **Beim ersten offiziellen *Akte X*-Treffen stellt sich Gillian Anderson den Fragen der Fans.**

Als Ensemble und Produktionsteam an den Aufnahmen zur dritten Staffel arbeiteten, bezweifelte niemand mehr die ungeheure Popularität der Serie. Abgesehen davon, daß *Akte X* in den USA zu einem Überraschungserfolg geworden war, feierte die Serie in über sechzig Ländern sensationelle Erfolge. In Japan und Spanien war sie die meistgesehene Fernsehserie überhaupt. *Akte X* erhielt weiterhin überschwengliche Kritiken und wurde für sage und schreibe sechs *Emmy Awards* nominiert, darunter für die beste dramatische Serie, das beste Drehbuch und die beste Kamera. *Akte X*-Werbeartikel und Merchandisingprodukte wie Bücher, T-Shirts, Kaffeebecher und Baseballkappen halfen nicht nur, die Serie zu einem Phänomen der Alltagskultur werden zu lassen, sondern erwiesen sich auch für die 20th Century Fox als überaus lukratives Nebengeschäft.

Die weltweite Popularität hatte unweigerlich ein wachsendes Interesse der Öffentlichkeit an ungelösten Rätseln und unerklärlichen Phänomen zu Folge, und auch die Zahl der Berichte über die Sichtung angeblicher UFOs nahm sprunghaft zu. Eine Reihe von Fernsehsendungen, Zeitschriften und Büchern widmete sich der Erforschung seltsamer Phänomene des realen Lebens und gab damit der Beschäftigung mit dem Unerklärbaren neue Nahrung.

Praktisch im Alleingang hatte *Akte X* damit das leicht angestaubte Image der Science Fiction erneuert und sie zum provokativsten und lukrativsten Genre der Neunziger gemacht. Von einigen Kritikern als die »abgefahrenste Serie der Welt« bezeichnet, zog *Akte X* beinahe jeden in Hollywood in ihren Bann. Profilierte Autoren – wie der Cyberpunk-Guru William Gibson oder der für seine Science-Fiction-Romane bekannte Harlan Ellison und Stephen King, legendärer Autor weltbekannter Horrorromane – erklärten sich bereit, Drehbücher für weitere Folgen der Serie zu schreiben. Das Album zur Serie – »Songs In The Key of X – Music Inspired By The X-Files« – versammelte so bekannte Musiker wie Sheryl Crow, REM, Brian Eno, Foo Fighters, Danzig und Filter. Zu den prominentesten »X-Philes« zählen Steven Spielberg, Bruce Springsteen, Whoopi Goldberg, Martin Short, Winona Ryder, Jonathan Ross und Robin Williams.

Als in einer Drehpause ein Produktionsassistent zu Duchovny kam und ihm sagte, Robin Williams wolle ihn kennenlernen, hielt er es zunächst für einen Scherz. Doch Williams stand tatsächlich nur ein paar Meter entfernt am anderen Ende des Sets! Duchovny fühlte sich zwar geehrt, daß ein großer Schauspieler wie Williams sich die Zeit nahm, ihn zu besuchen, doch im großen und ganzen hält er nicht allzuviel vom Starklüngel. »Ich habe mehr davon, wenn ich mich mit den Menschen umgebe, die ich von früher kenne, die mir geholfen haben, an mich glaubten und mich dazu ermutigten, bei der Stange zu bleiben.«

Einige der berühmten *Akte X*-Fans, vor allem Whoopi Goldberg und Martin Short, haben immer wieder den Wunsch geäußert, als Gaststars in der Serie aufzutreten. Doch David Duchovny hält nichts von solchen Auftritten, die seiner Meinung nach den Realismus von *Akte X* untergraben würden. »Die Serie ist unter anderem deswegen so gut, weil sie glaubhaft ist. Wenn man Schauspieler einsetzt, die der Zuschauer aus etlichen anderen Produktionen kennt, wird dieser Eindruck zwangsläufig zerstört.«

Chris Carters Aufgabe während der Produktion der dritten Staffel von *Akte X* war es, den Erfolg der Serie zu

UNEXPLAINED PHENOMENA
U.S. DEPARTM
FEDERAL BUREAU
ATION
FEDERAL VIO
AE FILE

»Leider beherrsche ich nicht die Kunst, kurze, treffende Kommentare abzugeben, die von niemandem mißverstanden werden können.«

Oben: **In der dritten Staffel ließ man Anderson endlich aus dem Schatten Duchovnys heraustreten.**

Unten: **Die Auszeichnung durch die Screen Actors' Guild als »beste Schauspielerin« kam für Anderson vollkommen überraschend.**

konsolidieren und zugleich den Zuschauern größtmögliche Spannung zu liefern. Außerdem versuchte er, im Laufe der weiteren Folgen die Rolle der Dana Scully aufzuwerten. Carter wollte die beiden Protagonisten als gleichwertig verstanden wissen. Ihm war bewußt, daß Gillian Anderson mit der Ausgestaltung ihrer Rolle während der ersten beiden Staffeln nicht ganz zufrieden war.

»Ich finde, sie ist lange genug das Anhängsel von Mulder gewesen«, ließ die Schauspielerin vor dem Start der dritten Staffel verlauten. »Die Figur ist von den Drehbuchautoren durchaus so angelegt, daß sie ihre eigenen Ermittlungen durchführen kann. Daß sie immer nur hinter Mulder herläuft, wird allmählich langweilig. Zu Beginn der Serie mag das noch einleuchtend gewesen sein, schließlich sollte Scully noch relativ unerfahren sein. Doch jetzt hat sie genug mitbekommen, jetzt sollte man sie ein wenig mehr in den Vordergrund rücken.«

Chris Carter mochte Duchovny und Anderson zwar als vollkommen gleichberechtigt sehen, doch das hieß noch lange nicht, daß die Verantwortlichen bei der 20th Century Fox das auch taten. Vor Beginn der Dreharbeiten zur dritten Staffel erhielt Duchovny eine nicht unbedeutende Erhöhung seiner Gage, womit seinem Beitrag zum bemerkenswerten Erfolg der Serie und seinem »Soloauftritt« während der Abwesenheit Andersons Rechnung getragen werden sollte. Der Mehrheit der Berichte nach stieg seine Gage von 35.000 Dollar auf immerhin 100.000 Dollar pro Folge! Es bestand kein Zweifel mehr daran, daß die 20th Century Fox in Duchovny das eigentliche Zugpferd der Serie sah.

Es ist Gillian Anderson hoch anzurechnen, daß sie sich nie kritisch zu der Entscheidung der Filmgesellschaft geäußert hat. Wann immer sie gefragt wurde, wie sie sich angesichts der beträchtlichen Gagenerhöhung für Duchovny fühle, beschränkte sie sich auf den Hinweis, daß Schauspielerinnen schon immer weniger Geld als Schauspieler verdient haben, um dann das Thema zu wechseln.

Mit Beginn der Dreharbeiten für die dritte Staffel kehrte Anderson also in die gewohnte Routine zurück. Neu war, daß sie ihre Tochter mit zum Set brachte. Ein Kindermädchen paßte auf Piper auf, während ihre Mutter vor der Kamera stand. Obwohl *Akte X* die Zuschauer regelmäßig vor Hochspannung zittern läßt, schien Piper sich vor nichts und niemandem auf dem Set zu fürchten. Einzig ein finster aussehender Weihnachtsmann, der in einer Episode seinen Auftritt hat, vermochte ihr Angst einzujagen. Als Piper einen Schneidezahn verlor, lief sie mit einer Puppe am Set herum, die einen Außerirdischen darstellte. Die Puppe trug ein T-Shirt, auf dem die denkwürdigen Worte standen: »The tooth is out there!«

Die Premiere der dritten Staffel am 22. September 1995 wurde von einer gigantischen Werbekampagne begleitet. Die Aufmerksamkeit, die der Fortsetzung der Serie gezollt wurde, machte deutlich, daß *Akte X* die Phantasie der Zuschauer weiterhin beschäftigte und damit den führenden US-amerikanischen Serien – *Friends*, *Emergency Room*, *Frasier* und *NYPD Blue* – in nichts mehr nachstand.

Im Januar 1996 besuchte Gillian Anderson gemeinsam mit Chris Carter die erste offizielle *Akte X*-Convention, die in Burbank, Kalifornien, stattfand. Auch Duchovny war eingeladen worden, hatte aber mit der Begründung abgelehnt, daß er in erster Linie Schauspieler sei. Für ihn stünde im Vordergrund, daß und wie er in der Serie spiele, und nicht, was er darüber zu sagen habe. Anderson dagegen machte sich im Vorfeld eher Sorgen, was sie in Burbank erwarten würde. Vor allem machte ihr die Vorstellung Angst, daß sie dort den absoluten *Akte X*-Freaks begegnete, die mit Sicherheit »total verrückt« waren. Ein paar Tage vor Beginn des Treffens sagte sie der LA Times, daß es ganz bestimmt die »erste und letzte« *Akte-X*-Versammlung war, zu der sie ging.

Als sie den Konferenzsaal betrat, in dem das Treffen stattfand, war sie allerdings überwältigt von dem enthusiastischen Empfang, den die Fans ihr bereiteten. Sie war so erstaunt, daß sie spontan beschloß, die Eröffnungsrede, die sie vorbereitet hatte, nicht zu halten, um statt dessen sofort die Fragen aus dem Publikum zu beantworten. Gleich eine der ersten Wortmeldungen beschäftigte sich mit der Tatsache, daß David Duchovny so viel mehr Aufmerksamkeit in den Medien fand und eine höhere Gage als sie erhielt. Anderson war sichtlich überrascht, daß man sie mit derart nüchternen Fakten konfrontierte, faßte sich aber rasch wieder und antwortete: »Vielleicht ist meine Zeit ja jetzt gekommen.«

Neben den unvermeidlichen Fragen nach einer Romanze zwischen Scully und Mulder wollte man von Anderson auch wissen, wie es möglich war, daß Scully

noch immer eine Skeptikerin ist, nachdem sie doch mehrfach mit übersinnlichen Mächten konfrontiert und wahrscheinlich sogar von Außerirdischen entführt worden war. Die Schauspielerin entgegnete, daß sich Scully »ganz automatisch immer wieder der Wissenschaft zuwendet, bevor sie eine philosophische Schlußfolgerung wagt.«

Trotz ihrer anfänglichen Bedenken nannte Anderson später das Treffen eine »wunderbare Erfahrung« und deutete an, daß sie nicht abgeneigt sei, auch bei zukünftigen Conventions dabeizusein.

Eine Woche nach der Veranstaltung in Burbank fand die Verleihung des *Golden Globe Award* statt, an der Duchovny und Anderson teilnahmen. Beide waren für die Kategorie »bester Schauspieler« beziehungsweise »beste Schauspielerin« nominiert worden, doch leider gingen die Preise an Dennis Franz für seine Rolle in *NYPD Blue*, und Jane Seymour als Hauptdarstellerin der Serie *Dr. Quinn, Ärztin aus Leidenschaft*. Eigenartigerweise wurde *Akte X* für die Kategorie »beste dramatische Serie«, in der die Serie im vorangegangenen Jahr den Preis gewonnen hatte, diesmal nicht einmal nominiert.

Am 24. Februar wurde Gillian Anderson der Preis der *Screen Actors' Guild Of America*, also der Schauspielergewerkschaft, als »beste weibliche Hauptdarstellerin« verliehen. Anderson war so überrascht, daß David Duchovny sie geradezu auf die Bühne drängen mußte, um den Preis entgegenzunehmen. Duchovny selbst war in der Kategorie »bester Schauspieler« nominiert worden. Allerdings erhielt die Trophäe Anthony Edwards für seine Rolle in *Emergency Room*.

Anderson war so wenig auf den Gewinn des Preises gefaßt, daß sie nicht einmal eine Dankesrede vorbereitet hatte. Sie begann ihre Danksagung mit den Worten: »ich weiß nicht, was ich sagen soll« und fuhr fort, daß sie »das nie im Leben erwartet« hätte. Dann dankte sie David Duchovny, ihrem Mann Clyde Klotz, ihrer Tochter Piper, Chris Carter und schließlich den Autoren und Produzenten James Wong und Glen Morgan, bevor ihr einfiel, daß Wong und Morgan das *Akte X*-Team bereits zu Beginn der zweiten Staffel verlassen hatten, um eine eigene Serie zu produzieren: *Space 2063*.

Duchovny lieferte die Idee für zwei weitere Folgen der Serie. In »Avatar« rückt Mulders und Scullys Boß, Walter Skinner (Mitch Pileggi), in den Mittelpunkt der Handlung; das Drehbuch schrieb Ko-Produzent Howard Gordon. In der anderen Folge, »Talitha Cumi«,die zugleich den spannenden Abschluß der Staffel bildet, konfrontierte Chris Carter Mulder und Scully mit einem bedrohlichen Außerirdischen, der in der Lage ist, seine Gestalt zu verändern.

Duchovny ist kein Mensch, der sich auf seinen Lorbeeren ausruht, und so arbeitete er an einer Reihe von anderen ungewöhnlichen Produktionen mit. In der Kult-Zeichentrickserie *Duckman* lieh er als Gast einer Figur seine Stimme. Außerdem reihte er sich in die Tradition der Gaststars bei *Frasier* ein. Um dem ehemaligen Autoren/ Produzentenduo von *Akte X* Glen Morgan und James Wong einen Gefallen zu tun, trat er als Poolbillard spielender Silikant »Handsome Alvin« in der Episode »R & R« von *Space 2063* auf. Sein Auftritt verschaffte der Serie zwar steigende Zuschauerzahlen, rettete sie aber nicht davor, schließlich abgesetzt zu werden.

Sowohl Anderson als auch Duchovny liehen ihre Stimmen den Zeichentrickfiguren einer weiteren Erfolgsserie der 20th Century Fox: den *Simpsons*. In einer Folge mit dem Titel »The Springfield File« sprechen sie – man wird es schon erraten haben! – zwei FBI-Agenten, die nach Springfield geschickt werden, um den Hinweisen Homer Simpsons nachzugehen, der UFOs gesehen haben will.

Darüber hinaus sprach Anderson auch eine Figur in *Reboot*, der bekannten, computeranimierten Serie, an der auch ihr Mann Clyde Klotz mitwirkte. Die Figur, die sie spricht, hat unverkennbare Ähnlichkeit mit Dana Scully. Ursprünglich war David Duchovnys Stimme für Andersons Filmpartner vorgesehen, doch der Schauspieler war bereits vollkommen ausgebucht.

Zu Beginn des Jahres 1996 fing Duchovny an, sich regelmäßig mit der Schauspielerin Dana Wheeler-Nicholson, der Ex-Freundin von Eric Clapton, zu treffen. Sie hatten sich während der Dreharbeiten zu der Folge »Syzygy« kennengelernt, bei der Wheeler-Nicholson eine Gastrolle hatte, und bald darauf eine Affäre miteinander begonnen.

Ungefähr zur selben Zeit manövrierte sich Gillian Anderson mit einem Interview in der *Los Angeles Times* in eine höchst peinliche Situation. Während des Gesprächs mit dem Reporter hatte sie gesagt, der Drehplan von *Akte X* käme einem »Todesurteil« gleich. Obwohl sie nachher beteuerte, daß diese Bemerkung nichts weiter als ein »bedeutungsloser Scherz« war, zitierte Chris Carter sie, sobald er das Interview gelesen hatte, zu sich und machte ihr klar, daß die Möglichkeit, bei *Akte X* mitzuarbeiten, für jeden Schauspieler »die Chance seines Lebens« sei. Für den Erfolg der Serie habe das gesamte Team harte Arbeit zu leisten. Anderson mußte ihm versprechen, sich in Zukunft vorsichtiger über ihre Arbeit zu äußern.

In einem Gespräch, das Anderson kurze Zeit später mit *Entertainment Weekly* führte, betonte sie, daß sie in Interviews oft zu geradeaus und nicht geistreich genug

Nach ihrem Auftritt als Gaststar in der *Akte X*-Folge »Syzygy« sah man Dana Wheeler-Nicholson häufig in Begleitung von David Duchovny.

»Wenn die Welt untergeht, wird es keinen mehr interessieren, wieviel Folgen *Akte X* hatte!«

Oben: **Weil Duchovny Zeit für andere Rollen gewinnen wollte, überredete er die Produzenten von *Akte X*, einige Episoden zu streichen.**

Gegenüberliegende Seite: **Als Moderatorin der Sendung *Future Fantastic* erkundet Gillian Anderson den schmalen Grat zwischen Science Fiction und Science Fact.**

sei. »Leider beherrsche ich nicht die Kunst, kurze, treffende Kommentare abzugeben, die von niemandem mißverstanden werden können.« Außerdem führte sie augenzwinkernd aus, daß sie eine halbe Stunde brauche, um auch nur einen einzigen Absatz eines Interviews mit ihrem akademischen Kollegen David Duchovny zu verstehen!

Im April '96 erhielt *Akte X* den *People's Choice Award* der *British Academy of Film and Television Arts* in Anerkennung der internationalen Popularität der Serie. Chris Carter, David Duchovny und Gillian Anderson nahmen den Preis via Satellit entgegen.

Trotz des Erfolgs der Serie und des Bekanntheitsgrades ihrer Stars, waren die Dreharbeiten für *Akte X* so anstrengend und nervenaufreibend wie immer. In der Episode »Krieg der Koprophagen« hatte David Duchovny mit nicht weniger als dreihundert Kakerlaken zurechtzukommen, während Gillian Anderson in »Teso Dos Bichos« den Kampf mit einer wild gewordenen Katze aufnehmen mußte – eine Aufgabe, die um so schwieriger war, als Anderson gegen Katzenhaare allergisch ist. Nach langem Hin und Her stellte die Trickabteilung schließlich einen Dummy her, der mit Kaninchenfell überzogen wurde. Mit dieser Puppe hatte Anderson dann drei Stunden lang zu kämpfen, bis die Szene endlich im Kasten war.

»Das war das Blödeste, was ich je gemacht habe«, sagte sie später lachend. »Wir haben die Szene immer und immer wieder gedreht, während ich mich mit dieser Katze im Kaninchenfell auf dem Boden herumwälzte. Der Pelz löste sich allmählich auf, kitzelte in der Nase und blieb schließlich an meinem Lippenstift kleben, das war das Schlimmste!«

Gegen Ende der Dreharbeiten für die dritte Staffel begann Duchovny sich besorgt darüber zu äußern, daß er mit *Akte X* auf einen Rollentyp festgelegt wurde. »Ich will mehr Kinofilme machen und nicht bis an mein Lebensende nur als Mulder bekannt sein!«

In einem Präventivschlag gegen die drohende Gefahr der Rollenfestlegung brachte er die Produzenten von *Akte X* dazu, die dritte Staffel von fünfundzwanzig auf vierundzwanzig Folgen zu kürzen, die vierte sogar auf zweiundzwanzig. Auf diese Weise würde der Schauspieler Zeit finden, während der Drehpausen an anderen Projekten zu arbeiten. Als die Fans der Serie ihr Mißfallen über diese Entscheidung zum Ausdruck brachten, machte Duchovny seinen Standpunkt unmißverständlich klar: »Wenn die Welt untergeht, wird es keinen mehr interessieren, wieviel Folgen *Akte X* hatte!«

Um die Fans nicht allzu sehr zu verärgern, willigte er ein, gemeinsam mit Gillian Anderson in einem Computerspiel zu *Akte X* mitzuwirken. Die Schauspieler stellten sich für Filmaufnahmen zur Verfügung, die dann in das Programm integriert wurden. Auf diese Weise bekam jeder die Möglichkeit, einmal Mulder und Scully zu spielen!

Sobald Duchovny seine Verpflichtungen bei *Akte X* erfüllt hatte, widmete er sich mit *Playing God* dem ersten Film seit drei Jahren. Unter der Regie von Andy Wilson spielt er einen drogenabhängigen Chirurgen, der seine Approbation verliert. An seiner Seite spielen Timothy Hutton und Angelina Jolie die tragenden Nebenrollen des Films.

Darüber hinaus ist Duchovny für eine Reihe von Projekten im Gespräch, die im Sommer 1997 verwirklicht werden sollen. Vor allem die Hauptrolle in *Permanent Midnight* würde ihn reizen. Der Film, der die wahre Geschichte des Schriftstellers Jerry Stahl nachzeichnet, wird nach allem, was man darüber bisher gehört hat, von Stahls Abstieg in Alkoholismus und Drogenmißbrauch handeln, als er an den Erfolgsserien *Das Model und der Schnüffler* und *Twin Peaks* arbeitete.

Während Duchovny seine Filmkarriere weiterverfolgt, hat Gillian Anderson einen ganz anderen Weg eingeschlagen. Obwohl ihr Agent mit Angeboten für Film- und Fernsehprojekte geradezu überschüttet wurde, gefiel Anderson keine der ihr angetragenen Rollen so sehr, daß sie sie hätte übernehmen wollen. Statt dessen machte sie die Sprecherin bei zwei Dokumentarfilmen, *Spies Above Us* und *Why Planes Go Down*, und außerdem eine Audioaufnahme von Kevin J. Andersons *Akte X*-Roman »Im Höllenfeuer«,die sich beinahe ebenso gut verkauft wie das Buch.

Darüber hinaus begann Anderson mit der Moderation der Dokumentarreihe *Future Fantastic* der BBC. Vom selben Team produziert wie *Tomorrow's World*, wirft *Future Fantastic* einen Blick auf die immer enger werdende Verbindung zwischen Science Fiction und Science Fact, d.h. den Fakten der Wissenschaft. Überdies stellt die Reihe die wissenschaftlichen Errungenschaften der letzten einhundert Jahre vor und liefert Prognosen über das Leben im 21. Jahrhundert.

Viele Hollywood-Insider zeigten sich überrascht, daß der Star aus *Akte X* erneut im Bereich Science

Fiction arbeitete und stellten die besorgte Frage, ob sie nicht riskierte, auf einen Rollentypus festgelegt zu werden. Doch Anderson hatte keine Schwierigkeiten zu begründen, warum sie die Dokumentationsreihe moderierte.

»Als ich bei *Akte X* anfing, bekam ich haufenweise Angebote, die alle irgend etwas mit Science Fiction oder Phänomenen des Paranormalen zu tun hatten. Ich habe sie sämtlich abgelehnt. Mit *Future Fantastic* verhält es sich anderes – es ist eine Doku-Reihe, die intelligent und trotzdem allgemein verständlich gemacht ist. Das hat mir gefallen.«

In der auf insgesamt neun Teile angelegten Reihe wirft Anderson einen umfassenden Blick auf nahezu jeden denkbaren Aspekt des Verhältnisses von Science Fiction zu wissenschaftlichen Fakten, von der Nano-Technologie bis hin zur Zeitreise. Unter den möglichen Erfindungen der Zukunft, die in der Serie vorgestellt werden, faszinierte die Schauspielerin vor allem der Teleporter, dessen Verwirklichung sie für außerordentlich wünschenswert hält. Sie begeistert die Vorstellung, innerhalb weniger Sekunden um den ganzen Globus reisen zu können. Auch die Erfindung eines Tarnanzugs würde ihr recht gut gefallen, weil sie damit »eine Menge Unsinn anstellen« könnte.

Nach Beendigung der Projekte, an denen sie den Sommer über gearbeitet hat, begab sich die Schauspielerin, begleitet von Mann und Tochter, auf eine Promotion-Tournee für *Akte X* nach Australien. Eine Station ihrer Reise war ein Einkaufszentrum in Melbourne, wo sie von nicht weniger als 10.000 Menschen erwartet wurde! Gillian Anderson wurde ein Empfang bereitet, wie er den Beatles würdig gewesen wäre.

»So etwas war mir ich noch nie passiert. Das war mein erster Auftritt in einem Einkaufszentrum, ich hatte also keinen Vergleichsmaßstab. Bei der Convention der *Akte X*-Fans in Burbank waren etwa 3000 Menschen, mehr faßte der Saal nicht. Der Empfang [in Melbourne] war einfach überwältigend; absolut unglaublich.«

Wieder in den USA, nahm Anderson das Angebot an, eine Folge der Sendung *America's Most Wanted* zu moderieren, in der die Bevölkerung zur Mitarbeit bei der Aufklärung von echten Verbrechen aufgerufen wird. Den Ereignissen in Melbourne nach zu urteilen, würde der Titel der Sendung mit Leichtigkeit auch auf David Duchovny und Gillian Anderson zutreffen.

7/Das Leben nach X

Mit dem Ende der Serie werden sich Anderson und Duchovny dem Problem stellen müssen, daß man sie ausschließlich mit ihren Rollen als FBI-Agenten identifiziert.

Oben: **Ginge es nach David Duchovny, würde *Akte X* mit einer Romanze zwischen Mulder und Scully enden.**

Gegenüberliegende Seite: **Für Gillian Anderson ist die Gefahr der Festlegung auf ihre Rolle nicht ganz so groß wie für ihren noch bekannteren Kollegen Duchovny.**

Im Zeitraum von gerade einmal drei Jahren hat sich *Akte X* als wahrhaft phänomenales, die Alltagskultur prägendes Fernsehereignis erwiesen. Die sowohl bei Kritikern als auch in kommerzieller Hinsicht überaus erfolgreiche Serie gewinnt auf der ganzen Welt immer mehr Zuschauer; ein Ende ihrer wachsenden Popularität ist vorerst nicht abzusehen.

Doch trotz des bemerkenswerten Erfolgs ist unwahrscheinlich, daß die Produktion der Serie über das Jahr 1998 hinaus fortgesetzt werden wird. Sobald ihre Fünfjahresverträge ablaufen, wird David Duchovny und Gillian Anderson nichts mehr bei den aufreibenden Dreharbeiten mit den engen Zeitvorgaben halten. Beide werden aller Voraussicht nach die Gelegenheit ergreifen, andere Rollen anzunehmen, um in einem weiter gefächerten Bereich der Fernseh- und Filmbranche zu arbeiten.

Doch das Ende der wöchentlich ausgestrahlten Serie wird wohl kaum gleichbedeutend sein mit einem Ende der außergewöhnlichen Abenteuer der FBI Special Agents Fox Mulder und Dana Scully. *Akte X* wird nach dem Vorbild der erfolgreichen Kinoversionen von *Star Trek* in der Form von Filmen weiterbestehen. Vielleicht wird sich die 20th Century Fox auch dazu entschließen, eine Nachfolgeserie auf den Markt zu bringen (schon jetzt sprechen Journalisten scherzhaft von »Akte Y«), in der neue Charaktere die Nachforschungen Mulders und Scullys weiterführen.

David Duchovny hätte sich nicht träumen lassen, daß *Akte X* mehr als zwölf Folgen übersteht, und erst recht nicht, daß die Serie zu einem Bestandteil der Alltagskultur werden sollte. »Über diesen unglaublichen Erfolg bin ich wirklich erstaunt. Schließlich ist *Akte X* doch nur eine Fernsehserie!«

Der Schauspieler schätzt sich glücklich, an einer derart erfolgreichen, qualitativ hochwertigen Fernsehproduktion mitwirken zu können, schränkt aber gleichzeitig ein, daß er eigentlich nie zum Fernsehen wollte. Vielmehr hatte er sich erträumt, »von einer wunderbaren Filmrolle zur nächsten springen zu können«.

Im Laufe der dreijährigen Geschichte von *Akte X* ist Duchovny immer wieder ermuntert worden, größere Verantwortung bei der Produktion der Serie zu übernehmen. Er hat die Ideen zu einigen Episoden geliefert und plant, für einige der kommenden Folgen die Drehbücher zu schreiben und auch Regie zu führen. Während er durchaus anerkennt, welche Möglichkeiten die Produzenten der Serie ihm durch ihre Angebote zur Mitarbeit eröffnet haben, ist er sich andererseits auch darüber im klaren, daß sie ihn dadurch vor allem an die Serie binden wollen. »Genau so mache ich das, wenn ich mit meinem Hund spiele«, äußerte Duchovny gegenüber *Time Out*. »Ich lasse ihm die Wahl zwischen einem Tennisball und einem Frisbee – Hauptsache, er ist glücklich und gibt nicht gelangweilt auf.«

Im Hinblick auf die zukünftigen Folgen von *Akte X* hat Duchovny den Ehrgeiz, wenigstens in einer Episode einmal Basketball spielen zu dürfen. Bereits in *The Red Shoe Diaries* gelang es dem Schauspieler, sein Können in dieser Sportart unter Beweis zu stellen, und er hofft, daß auch die Autoren von *Akte X* Mulder die Chance auf ein Spiel geben werden. »Mandy Patinkin darf bei *Chicago Hope – Endstation Hoffnung* jede Woche im Falsett singen. Warum sollten wir also nicht auch etwas in die Serie einbauen, das ich wirklich gut kann?«

Trotz hartnäckiger Gerüchte, die das Gegenteil behaupten, hat Duchovny allerdings nicht vor, in einem »Crossover« aus *Akte X* und *Twin Peaks* noch einmal als Transvestit Dennis/Denise Bryson aufzutreten. Obwohl David Lynch sich als Fan von *Akte X* zu erkennen gegeben hat, bestreitet Chris Carter, daß es ein solches »Crossover« je geben wird.

Oben: **Wenn *Akte X* einmal nicht mehr über den Bildschirm flimmern wird, will sich Duchovny seiner Kinokarriere und dem Schreiben und Regieführen widmen. Anderson wird – neben der Schauspielerei – versuchen, mehr Zeit für gemeinnützige Projekte abzuzweigen.**

Unten: **Dem Beispiel Duchovnys folgend, bemüht sich auch Anderson um eine Änderung ihres Images.**

Wenn es nach Duchovny ginge, würde er zum endgültigen Abschluß der Serie die lang gehegten Erwartungen der Zuschauer erfüllen und in der letzten Folge Mulder und Scully eine romantische Beziehung beginnen lassen. Angenommen, es entstünde danach noch ein Film, würde er das dynamische Duo von Angesicht zu Angesicht mit den Außerirdischen konfrontieren, die sie schon so lange gejagt haben. »Es wäre interessant zu sehen, wie wir tatsächlich reagieren, wenn wir dem einen oder anderen Außerirdischen gegenüberstehen.«

Duchovny glaubt, daß er die Rolle des Mulder theoretisch bis zu seinem fünfundvierzigsten Geburtstag spielen könnte. Danach wäre es dann endgültig an der Zeit, vor den Vorhang zu treten, sich zu verbeugen und nach einem »ernsthaften Job« zu suchen. Ihm ist klar, daß der überwältigende Erfolg von *Akte X* die Gefahr birgt, daß er auf die Rolle des Mulder festgelegt wird, hat aber bereits entsprechende Gegenmaßnahmen getroffen. Sobald die Produktion der Serie abgeschlossen sein wird, will der Schauspieler sich wieder ganz seiner Filmkarriere widmen. Dabei wird er versuchen, möglichst verschiedenartige Rollen in den unterschiedlichsten Filmen zu spielen. Darüber hinaus würde er gerne mehr Zeit auf das Schreiben verwenden und möglicherweise auch Regie führen. Die Schauspielerei wird er deswegen aber nicht aufgeben.

Wie auch immer David Duchovnys Zukunft aussehen mag, es besteht wohl kein Zweifel daran, daß er viel erreicht hat, seit er Yale und die Arbeit an seiner Dissertation aufgegeben hat. Margaret Ducovny ist trotz ihrer anfänglichen Skepsis inzwischen stolz auf den Erfolg ihres Sohnes. Zur Zeit arbeitet sie an einer Schule in Manhattan und verfolgt von dort aus jeden Schritt, den David auf der Karriereleiter macht. Dennoch wird Duchovny den Eindruck nicht los, daß sie ihn immer noch lieber in der Rolle des »bekannten Universitätsprofessors« sähe als in der des Schauspielers. Deshalb ist es ihm auch peinlich, wenn sie ihn am Set besucht. Jedesmal, wenn er seine Mutter sieht, fragt sie ihn, ob er in seinem nächsten Film getötet oder nackt auftreten wird. Wenn die Antwort auf nur eine dieser Fragen »ja« lautet, sieht sie sich den Film nicht an!

Auf lange Sicht wünscht sich David Duchovny »eine Frau und drei Kinder«. Seine größte Furcht ist, daß man ihn auf die Rolle des Fox Mulder festlegt, denn dann wäre er vollkommen auf einen *Akte X*-Typus und sein Aussehen angewiesen, um sich seinen Lebensunterhalt zu verdienen.

Für Gillian Anderson stellen die Jahre, in denen sie bei *Akte X* mitgespielt hat, »die zugleich beste und härteste Zeit« ihres Lebens dar. Die Serie hat ihr Leben unwiderruflich verändert. Bevor sie die Rolle der Dana Scully erhielt, war sie eine Unbekannte, sie lebte als Single, hatte ständig Geldsorgen und verfügte über so gut wie keine Fernseherfahrung. Nachdem sie drei Jahre in der Serie mitgespielt hat, ist sie ein international bekannter Star, finanziell mehr als abgesichert, kann etwa sechzig Stunden Fernsehmaterial vorlegen und ist nicht zuletzt glückliche Mutter einer Tochter.

Obwohl man sie auf der ganzen Welt als die kultivierte und rationale Dana Scully kennt, glaubt Gillian Anderson, daß sie ihre rebellische Ader noch nicht ganz verloren hat. Body Piercing zum Beispiel fasziniert sie, doch so lange die Dreharbeiten für *Akte X* noch laufen, wagt sie nicht, es auszuprobieren. »Die Produzenten würde der Schlag treffen!« Außerdem wünscht sich Anderson noch mehr Kinder, weiß aber nur zu gut, daß sie damit warten muß, bis die Serie eingestellt wird.

Die Schauspielerin findet die Dreharbeiten für *Akte X* zwar immer noch extrem anstrengend, dennoch würde sie in Zukunft gerne die Zeit finden, eine Idee für eine Folge zu entwickeln oder ein Drehbuch zu schreiben.

Seit 1995 widmet sich Anderson immer intensiver der karitativen Arbeit. Als sie nach Pipers Geburt mit Geschenken für das Kind überschüttet wurde, bat sie schließlich ihre Fans, das Geld, das sie für Plüschtiere und Puppen ausgaben, besser der *Neurofibromatosis Foundation* zu stiften, deren Sprecherin sie inzwischen geworden ist. Durch ihre Anwesenheit bei Wohltätigkeitsveranstaltungen und die Versteigerung von Autogrammen unterstützt Anderson noch eine Reihe anderer karitativer Einrichtungen und Stiftungen, unter anderem auch Organisationen, die sich um Frauen kümmern, die Opfer von Gewalt wurden, und Einrichtungen für Aidskranke.

Darüber hinaus hat Anderson eine Kampagne gegen die ungleiche Behandlung von Männern und Frauen in der Fernseh- und Filmindustrie ins Leben gerufen. Das Problem hat sie am eigenen Leibe erfahren, als ihr männlicher Gegenpart in *Akte X* zu Beginn der dritten Staffel eine beträchtliche Erhöhung seiner Gage erhielt. Ihrer Meinung nach werden Männer in der Filmbranche nicht nur besser bezahlt als Frauen. Schauspielerinnen werden auch vorrangig nach ihrem Aussehen beurteilt und haben bei der Rollenauswahl im Gegensatz zu ihren männlichen Kollegen weniger freie Hand. »Frauen wird in Hollywood ständig demonstriert, daß sie nicht die gleichen Rechte haben wie Männer, und ihnen wird suggeriert, daß das auch so in Ordnung ist. Aber es ist nicht in Ordnung.«

Kurz vor ihrem achtundzwanzigsten Geburtstag sagte Gillian Anderson, daß nun alle Probleme und

Obwohl die Produktion der Serie voraussichtlich im Frühjahr 1998 eingestellt wird, werden David Duchovny und Gillian Anderson in einer Reihe von *Akte X*-Kinofilmen ihre Suche nach der Wahrheit auch noch im nächsten Jahrtausend fortsetzen.

Schwierigkeiten hinter ihr lägen, nie sei sie mit ihrem Leben zufriedener gewesen als jetzt. Sie ist übrigens der Überzeugung, daß Frauen im Alter zwischen elf und achtundzwanzig erwachsen werden, während bei Männern die Zeitspanne noch etwas weiter nach hinten verschoben ist!

Nach Abschluß der Arbeit an *Akte X* wird Anderson Vancouver wahrscheinlich nicht für immer verlassen. Ihr Ehemann Clyde ist Kanadier, und Piper hat sowohl die amerikanische als auch die kanadische Staatsbürgerschaft, so daß sich Anderson vorstellen kann, zwischen Vancouver und Los Angeles zu pendeln.

Nach Abschluß der Serie möchte die Schauspielerin wieder häufiger auf der Bühne stehen und den Grundstein für eine Filmkarriere legen. Da sie wahnsinnige Versagensängste hat, wird sie wahrscheinlich erst einmal vorsichtig das Terrain erkunden und versuchen, noch vor Abschluß der Dreharbeiten zu *Akte X* eine kleine Nebenrolle in einem Kinofilm zu bekommen. Am liebsten würde sie in Filmen mitspielen, die »etwas zu sagen haben, oder extrem gekonnt nichts sagen, wie *Pulp Fiction*«.

Während sich nicht leugnen läßt, daß Anderson während ihrer Zeit bei *Akte X* ständig im Schatten von David Duchovny stand, könnte sich das auf lange Sicht sogar als Vorteil erweisen. Als Folge seiner größeren Exponiertheit, ist die Gefahr für Duchovny wesentlich größer, mit der langjährigen *Akte X*-Rolle identifiziert zu werden.

Die Eltern der Schauspielerin freuen sich wahnsinnig über den Erfolg ihrer Tochter, vor allem wenn sie an deren turbulente Schulzeit zurückdenken. Edward Anderson betreibt erfolgreich eine Firma für filmische Nachbearbeitung, die er nach seiner Tochter »Gillian« benannt hat. Rosemary Anderson arbeitet als Systemanalytikerin und ist der größte »X-Phile«, den Gillian kennt.

In der Weihnachtspause der Dreharbeiten zur dritten Staffel hatte Rosemary Anderson die Gelegenheit, ihre Tochter in das Weiße Haus zum jährlichen Dinner für das Pressecorps zu begleiten. Während ihres Gesprächs mit Präsident Clinton offenbarte Gillian Anderson, daß sie eine treue Anhängerin der Demokraten ist, und willigte ein, ihn in der anstehenden Wahlkampagne zu unterstützen.

Wie auch immer ihre Zukunft im Detail aussehen mag, David Duchovny und Gillian Anderson scheinen entschlossen, mit ihrer Arbeit auch weiterhin Erfolge feiern zu wollen. Beide sind außerordentlich beliebte und talentierte Schauspieler und sollten daher keine Schwierigkeiten haben, auch die unterschiedlichsten Rollen zu spielen, vorausgesetzt es gelingt ihnen, die Fallstricke der Festlegung auf eine bestimmte Rolle zu umgehen.

Und *Akte X* wird uns wohl auch noch in das nächste Jahrtausend begleiten. So lange es ungelöste Rätsel, unerklärliche Phänomene und geheime Regierungsaktivitäten gibt, wird das Publikum darauf setzen, daß Fox Mulder und Dana Scully die Wahrheit aufdecken. So wird man in dieser unsicheren Welt, in der Vertrauen ein Begriff aus der Vergangenheit ist, einzig darauf setzen können, daß David Duchovny und Gillian Anderson noch viele Jahre lang als Mulder und Scully unbekannte Phänomene entdecken und aufklären werden.

David Duchovny

Neujahr in New York (New Year's Day)

Die Waffen der Frauen (Working Girl)

Todfreunde (Bad Influence)

Twin Peaks (TV)

Dunkle Erleuchtung (The Rapture)

Julia Has Two Lovers [Fernsehtitel: Julia hat zwei Liebhaber]

Fast Food Family (Don't Tell Mom The Babysitter's Dead)

Denial

Venice/Venice

Ruby

The Red Shoe Diaries (TV)

Chaplin

Ein Hund namens Beethoven (Beethoven)

Baby Snatcher (TV)

Kalifornia

Akte X – Die unheimlichen Fälle des FBI (The X-Files) (TV)

Space 2063 (Space: Above & Beyond) (TV)

Playing God

Gillian Anderson

Tote haben keinen Namen (Home Fires Burning)

Class of '96 (TV)

Akte X – Die unheimlichen Fälle des FBI (The X-Files) (TV)

Future Fantastic (TV)